Lust auf Land

Obst- und Festtagstorten

Unser Verlagsprogramm finden Sie unter www.christian-verlag.de

Produktmanagement: Annika Genning
Bild- und Textredaktion, Satz: bookwise medienproduktion GmbH
Korrektur: Jeannette Kiesel

Fotografie: StockFood GmbH, München
Herstellung: Bettina Schippel
Repro: Repro Ludwig, Zell am See

Gesamtherstellung: GeraNova Bruckmann Verlagshaus GmbH

Die Deutsche Nationalbibliothek verzeichnet diese Publikation in der Deutschen Nationalbibliografie; detaillierte bibliografische Daten sind im Internet über http://dnb.d-nb.de abrufbar.

1. Auflage 2013

ISBN 978-3-86244-186-0

Christian Verlag
Postfach 400209
80702 München
E-Mail: lektorat@verlagshaus.de

Lust auf Land

Obst- und Festtagstorten

CHRISTIAN

Inhalt

Vorwort

Das ganze Jahr über gibt es zahlreiche Feste zu feiern: Ostern, Weihnachten, Geburtstag, Hochzeit oder andere Jubiläen – eine festliche Torte als Nachtisch oder zum Kaffee runden das Festtagsmahl wunderbar ab. Die süßen Verlockungen bieten sich häufig mit einem Boden aus Biskuit oder Mürbeteig an. Doch auch Kekse, Baiser oder Grieß sind eine gute Grundlage. Feine Cremes und sahnige Füllungen werden gekrönt mit einem Sahnehäubchen und Früchten, Beeren oder Schokolade.

Saftige Obsttorten bieten sich vor allem im Sommer und Herbst an, wenn man aus der Fülle der reifen Früchte schöpfen kann. Genießen Sie mit frisch gepflücktem Obst eine Quarktorte mit Äpfeln, eine Birnentorte mit Baiser oder eine Schmandtorte mit Kirschen. Doch auch Rhabarber, Mirabellen oder Quitten lassen sich zu wunderbaren Tortenträumen verarbeiten.

Können Sie Johannisbeeren, Brombeeren oder Erdbeeren sogar frisch ernten? Verarbeiten Sie sie zu leckeren Tortenkreationen wie einer Topfentorte mit Erdbeeren, zu einer Himbeereistorte oder zu einem Stachelbeerkuchen mit Baiserhaube. Die leichte Säure der Beeren, kombiniert mit Quark oder Frischkäse, ist eine willkommene Erfrischung an heißen Sommertagen. Und wer bei Schokolade nicht widerstehen kann, der liegt mit einer Donauwellen-Torte oder mit der Schokoladentarte mit Beeren genau richtig.

Aber es muss nicht immer eine imposante Torte sein, auch kleine Backkunstwerke wie Preiselbeertörtchen mit Nugat-Zimt-Sahne haben optisch und geschmacklich einiges zu bieten. Heidelbeertorteletts und Beerenküchlein verbinden die Süße der Beeren mit knusprigem Teigboden. Törtchen und kleine Kuchen passen besonders gut aufs Büfett.

Wenn es ganz feierlich wird, verwöhnen Sie Ihre Gäste auch durch den Anblick: ganz klasse macht sich etwa eine dreistöckige Schokoladentorte, eine Herztorte mit Vanille-Mascarpone-Creme oder eine selbst gemachte Hochzeitstorte mit Marzipanrosen. Nicht nur hier isst auch das Auge mit.

Wir wünschen Ihnen viel Freude beim Nachbacken!

Fruchtig & Saftig

Quarktorte
mit Äpfeln

ZUTATEN FÜR 1 SPRINGFORM (26 CM DURCHMESSER)

Für den Mürbeteigboden:

150 g Mehl
2 EL Zucker
1 Prise Salz
1 Ei
75 g kalte Butter
Butter (für die Form)

Für die Füllung:

4 Eier
400 g Magerquark
80 ml Sahne (mindestens 30 % Fett)
100 g Crème fraîche
100 g Zucker
40 g Speisestärke
abgeriebene Schale und Saft von 1 unbehandelten Zitrone

Für den Belag:

5 Äpfel
100 ml trockener Weißwein
5 EL Zucker

ZUBEREITUNGSZEIT: 1 STUNDE
KÜHLZEIT: 30 MINUTEN
BACKZEIT: 1 STUNDE

1 Für den Teig das Mehl mit dem Zucker und dem Salz mischen und auf eine Arbeitsfläche häufen. In die Mitte eine Mulde drücken. Das Ei hineinschlagen und 2 Esslöffel lauwarmes Wasser dazugeben. Die Butter in Stücken um die Mulde herum verteilen.

2 Alle Zutaten mit einem Messer gut durchhacken, sodass kleine Teigkrümel entstehen. Die Krümel mit den Händen rasch zu einem festen Teig verkneten. Den Teig zu einer Kugel formen, in Frischhaltefolie wickeln und etwa 30 Minuten kalt stellen.

3 Den Ofen auf 160 °C (Umluft) vorheizen.

4 Eine Springform mit Butter einfetten. Die Teigkugel größer als die Form ausrollen und die Form damit auskleiden, dabei einen 2–3 cm hohen Rand formen.

5 Für die Füllung die Eier trennen. Die Eiweiße steif schlagen. Den Quark mit der Sahne, der Crème fraîche, dem Zucker, der Stärke, den Eigelben, der Zitronenschale und dem Zitronensaft verrühren. Den Eischnee unterheben. Die Füllung auf dem Teig verteilen und glatt streichen.

6 Für den Belag die Äpfel schälen, vierteln und das Kerngehäuse entfernen. Die Äpfel in Spalten schneiden. Den Weißwein mit 2 Esslöffeln Zucker in einem Topf aufkochen. Die Apfelspalten dazugeben und zugedeckt 2–3 Minuten dünsten. Den Topf vom Herd nehmen und die Äpfel etwas abkühlen lassen.

7 Die Äpfel auf der Quarkmasse verteilen und mit dem restlichen Zucker bestreuen. Den Kuchen im Backofen etwa 1 Stunde backen.

8 Nach der Backzeit den Kuchen noch 10 Minuten im ausgeschalteten Backofen ruhen lassen, die Backofentür dabei einen Spaltbreit geöffnet lassen. Die Quarktorte herausnehmen und vor dem Servieren auskühlen lassen.

Biskuittorte

mit Apfelmus und Rosinen

ZUTATEN FÜR 1 SPRINGFORM (24 CM DURCHMESSER)

Für den Biskuit:

5 Eier
150 g Zucker
1 Prise Salz
150 g Mehl
20 g Speisestärke

Für das Apfelmus:

75 g Rosinen
80 ml Rum
700 g Äpfel
40 g Speisestärke
180 ml Apfelsaft
1 Stange Zimt
etwa 80 g Zucker
abgeriebene Schale und Saft von ½ unbehandelten Zitrone
Puderzucker (zum Bestauben)
Blüten (zum Garnieren)

ZUBEREITUNGSZEIT: 45 MINUTEN
BACKZEIT: 40 MINUTEN
KÜHLZEIT: 2 STUNDEN

1 Den Backofen auf 180 °C (Ober- und Unterhitze) vorheizen.

2 Die Eier trennen. Die Eigelbe mit der Hälfte des Zuckers schaumig schlagen. Die Eiweiße mit dem Salz steif schlagen, den restlichen Zucker nach und nach einrieseln lassen. Den Eischnee weiterschlagen, bis er glänzt und Spitzen zieht.

3 Den Eischnee auf die Eigelbmasse geben. Das Mehl mit der Stärke mischen, über die Eigelbmasse sieben und alles nach und nach unterheben.

4 Die Masse in eine mit Backpapier ausgelegte Springform geben, gleichmäßig verstreichen und im Ofen 35–40 Minuten backen, Stäbchenprobe machen (siehe Tipp). Den Biskuit aus dem Ofen nehmen, aus der Form lösen, auf einem Kuchengitter erkalten lassen und einmal quer halbieren.

5 Für das Apfelmus die Rosinen im Rum einweichen. Die Äpfel schälen, vierteln, das Kerngehäuse entfernen und die Äpfel in kleine Würfel schneiden. Die Stärke mit 3 Esslöffeln Apfelsaft glatt rühren.

6 Den restlichen Saft mit der Zimtstange, dem Zucker und der Zitronenschale sowie dem Zitronensaft in einem Topf aufkochen, dann etwas einkochen lassen. Anschließend die Apfelstücke darin etwa 6 Minuten zu Mus kochen. Die Zimtstange entfernen und die angerührte Stärke einrühren. Alles noch einmal aufkochen. Die Rosinen abtropfen lassen und unter das Apfelmus mischen, anschließend abkühlen lassen.

7 Den unteren Teil des Biskuitbodens auf eine Kuchenplatte setzen, einen Tortenring um den Biskuit legen. Das Apfelmus auf dem Biskuit verteilen, den oberen Biskuitboden daraufsetzen und die Torte zum Festwerden 2 Stunden in den Kühlschrank stellen.

8 Die Torte aus dem Kühlschrank nehmen, den Tortenring entfernen. Die Biskuittorte mit Puderzucker bestauben und nach Belieben mit Blüten garniert servieren.

TIPP

So machen Sie die Stäbchenprobe: Stechen Sie mit einem Holzstäbchen leicht schräg in die Mitte des Kuchens und ziehen Sie das Stäbchen wieder heraus. Klebt kein Teig an dem Stäbchen und fühlt es sich trocken an, ist der Kuchen fertig. Falls nicht, backen Sie den Teig noch einige Minuten weiter und wiederholen Sie die Stäbchenprobe.

Apfeltorte mit Streuseln

ZUTATEN FÜR 1 TARTEFORM
(26 CM DURCHMESSER)

Für den Mürbeteigboden und die Streusel:
300 g Mehl · 100 g Zucker · 1 Prise Salz
1 Ei · 200 g Butter
Mehl (für die Arbeitsfläche)
Butter (für die Form)

Für den Belag:
6–7 Äpfel · 125 g Apfelgelee
100 g geröstete Pinienkerne
Puderzucker (zum Bestauben)

ZUBEREITUNGSZEIT: 40 MINUTEN
KÜHLZEIT: 30 MINUTEN
BACKZEIT: 35 MINUTEN

1 Für den Teig das Mehl mit dem Zucker und dem Salz mischen und auf die Arbeitsfläche häufen. In die Mitte eine Mulde drücken. Das Ei hineinschlagen und die Butter in Stücken um die Mulde herum verteilen.

2 Alle Zutaten mit einem Messer gut durchhacken, sodass kleine Teigkrümel entstehen. Die Krümel mit den Händen rasch zu einem festen Teig verkneten. Den Teig zu einer Kugel formen, in Frischhaltefolie wickeln und etwa 30 Minuten kalt stellen.

3 Für den Belag die Äpfel schälen, das Kerngehäuse mit einem Apfelausstecher entfernen und die Äpfel in dünne Scheiben schneiden.

4 Den Backofen auf 180 °C (Ober- und Unterhitze) vorheizen.

5 2 Drittel vom Teig auf einer bemehlten Arbeitsfläche etwas größer als die Form ausrollen. Eine Tarteform mit Butter einfetten und mit dem Teig auskleiden.

6 Das Apfelgelee leicht erwärmen. 2 Drittel davon auf dem Teigboden verstreichen und die Apfelscheiben rosettenförmig darauflegen. Die Äpfel mit dem restlichen Gelee beträufeln.

7 Die Pinienkerne unter den übrigen Teig kneten. Den Teig zwischen den Handflächen zu Streusel reiben und auf den Äpfeln verteilen. Die Torte im Ofen etwa 35 Minuten backen.

8 Die Apfeltorte herausnehmen, auskühlen lassen und mit Puderzucker bestaubt servieren.

Apfel-Blätterteigtorte

1 Den Backofen auf 200 °C (Ober- und Unterhitze) vorheizen.

2 Den Blätterteig auftauen lassen. Den Teig auf einer bemehlten Arbeitsfläche dünn ausrollen und daraus 3 Kreise (à 24 cm Durchmesser) ausschneiden. Die Kreise auf 3 mit Backpapier belegte Backbleche legen.

3 Das Marzipan fein hacken und mit der Sahne glatt rühren. Die Teigkreise damit bestreichen, anschließend gleichzeitig im Ofen etwa 20 Minuten backen. Die Blätterteigböden aus dem Ofen nehmen und auskühlen lassen.

4 Für die Füllung die Äpfel schälen, vierteln, das Kerngehäuse entfernen und die Äpfel in dünne Spalten schneiden. Die Apfelspalten sofort mit Zitronensaft mischen. Den Zucker, den Apfelsaft, 150 ml Orangensaft, die Orangenschale und die Zimtstange in einem Topf aufkochen.

5 Die Apfelspalten in den Sud legen, nach 2 Minuten einige Apfelspalten (etwa 1 Apfel) für den Belag herausnehmen und die übrigen Spalten weitere 5 Minuten köcheln lassen, dann die Zimtstange und die Orangenschale entfernen. Die Speisestärke mit kaltem Wasser anrühren und die Äpfel damit abbinden. Den Topf vom Herd ziehen und abkühlen lassen.

6 Die Sahne mit dem Sahnesteif und dem Vanillezucker schnittfest schlagen. Die Preiselbeerkonfitüre mit einigen Esslöffeln Orangensaft 2 Minuten erwärmen, sie soll nicht mehr fest, aber auch nicht dünnflüssig sein.

7 Vor dem Servieren 2 Blätterteigkreise mit der Konfitüre bestreichen. Die Apfelmasse darauf verteilen und mit jeweils 1 Drittel der Sahne bestreichen. Die beiden Teigplatten aufeinander setzen. Die 3. Teigplatte darauflegen, mit Sahne bestreichen und mit den beiseitegelegten Apfelspalten sowie den Melisseblättchen garnieren.

8 Die Apfel-Blätterteigtorte mit Puderzucker bestaubt servieren.

ZUTATEN FÜR 1 TORTE (24 CM DURCHMESSER)

Für die Blätterteigböden:

450 g TK-Blätterteig · Mehl (für die Arbeitsfläche)

140 g Marzipanrohmasse · 100 ml Sahne (mindestens 30 % Fett)

Für die Füllung:

1 kg Äpfel · Saft von 1 Zitrone · 4 EL Zucker · 150 ml Apfelsaft · etwa 200 ml Orangensaft · 1 TL abgeriebene Schale von einer unbehandelten Orange · 1 Stange Zimt · 2–3 TL Speisestärke · 500 ml Sahne (mindestens 30 % Fett) · 2 Päckchen Sahnesteif · 2 Päckchen Vanillezucker · 220 g Preiselbeerkonfitüre

Melisseblättchen (zum Garnieren)

Puderzucker (zum Bestauben)

ZUBEREITUNGSZEIT: 40 MINUTEN
BACKZEIT: 20 MINUTEN

Birnentorte
mit Baiser

ZUTATEN FÜR 1 TARTEFORM (26 CM DURCHMESSER)

Für den Mürbeteigboden:

125 g Weizenmehl

125 g Weizenvollkornmehl

80 g Zucker

1 Prise Salz

1 Ei

160 g Butter

Mehl (für die Arbeitsfläche)

Butter (für die Form)

getrocknete Hülsenfrüchte (zum Blindbacken)

Für den Belag:

1 kg Birnen

250 ml Weißwein

60 g Zucker

Saft von 1 Zitrone

80 g gehobelte Mandeln

Für die Baiserhaube:

3 Eiweiß

1 TL Zitronensaft

100 g Puderzucker

ZUBEREITUNGSZEIT: 40 MINUTEN
BACKZEIT: 40 MINUTEN
KÜHLZEIT: 1 STUNDE

1 Den Backofen auf 160 °C (Ober- und Unterhitze) vorheizen.

2 Für den Teig die beiden Mehlsorten mit dem Zucker und dem Salz mischen und auf die Arbeitsfläche häufen. In die Mitte eine Mulde drücken, das Ei hineinschlagen und die Butter in Flöckchen um die Mulde herum verteilen.

3 Alle Zutaten mit einem Messer gut durchhacken, sodass kleine Teigkrümel entstehen. Die Krümel mit den Händen rasch zu einem festen Teig verkneten. Den Teig zu einer Kugel formen, in Frischhaltefolie wickeln und etwa 30 Minuten kalt stellen.

4 Den Teig auf einer bemehlten Arbeitsfläche etwas größer als die Form ausrollen. Eine Tarteform mit Butter einfetten und mit dem Teig auskleiden, dabei einen Rand formen. Den Teig mit Backpapier bedecken, die Hülsenfrüchte darauflegen und den Teig im Ofen etwa 30 Minuten blindbacken. Den Mürbeteigboden aus dem Ofen nehmen, das Backpapier mit den Hülsenfrüchten entfernen. Den Boden auskühlen lassen.

5 Für den Belag die Birnen schälen, halbieren, das Kerngehäuse entfernen und die Birnen grob würfeln. Den Weißwein mit dem Zucker und dem Zitronensaft in einem Topf aufkochen. Die Birnen dazugeben und 1–2 Minuten köcheln lassen, sie sollen aber nicht zerfallen. Den Topf vom Herd nehmen und die Birnen auskühlen lassen.

6 Die Mandeln in einer Pfanne ohne Fett goldbraun rösten, dann auskühlen lassen und die Hälfte auf den Tortenboden streuen. Die ausgekühlten Birnen abtropfen lassen und auf dem Tortenboden verteilen.

7 Die Temperatur im Ofen auf 250 °C (Oberhitze) einstellen.

8 Für die Baiserhaube die Eiweiße mit dem Zitronensaft sehr steif schlagen. Den Puderzucker dabei langsam einrieseln lassen. Die Baisermasse in Tupfen auf den Birnen verteilen und im Ofen 5–10 Minuten überbacken, bis die Baisermasse braune Spitzen bekommt.

9 Die Birnentorte vor dem Servieren mindestens 30 Minuten auskühlen lassen.

Biskuittorte mit Birnen

und Joghurtcreme

ZUTATEN FÜR 1 SPRINGFORM
(24 CM DURCHMESSER)

Für den Biskuit:

4 Eier · 1 Prise Salz · 120 g Zucker · 100 g Mehl
2 EL Speisestärke · 40 g gemahlene Mandeln

Für den Belag:

1 Dose Birnenhälften (etwa 720 ml Inhalt)
10 Blatt weiße Gelatine · 200 g Joghurt
100 g Magerquark · 4 EL Zitronensaft
50 g Zucker (nach Belieben)
300 g Sahne (mindestens 30 % Fett)
1–2 EL Aprikosenkonfitüre
100 g Schokoladenraspel (zum Garnieren)

ZUBEREITUNGSZEIT: 1 STUNDE
BACKZEIT: 25 MINUTEN
KÜHLZEIT: 3 STUNDEN 30 MINUTEN

1 Den Backofen auf 200 °C (Ober- und Unterhitze) vorheizen.

2 Die Eier trennen. Die Eiweiße mit dem Salz und der Hälfte des Zuckers schaumig schlagen. Die Eigelbe mit dem restlichen Zucker ebenfalls schaumig schlagen. 1 Drittel des Eischnees unter die Eigelbmasse rühren. Das Mehl mit der Stärke daraufsieben, die Mandeln und den restlichen Eischnee dazugeben. Alles unter die Eigelbmasse heben.

3 Eine Springform mit Backpapier auslegen. Die Masse in einen Spritzbeutel mit großer Lochtülle füllen. Etwa 2 Drittel der Masse in kleiner werdenden Kreisen auf den Boden der Form auftragen, sodass eine Teigplatte entsteht. Mit der restlichen Masse einen Rand für die Teigplatte spritzen, dabei Kreise entlang des Formrands aufeinander auftragen.

4 Einen Streifen Backpapier entsprechend zurechtschneiden und innen an den Teigrand stellen. Das Backpapier soll den Teigrand beim Backen stabilisieren.

5 Den Biskuit im Ofen etwa 25 Minuten backen (Stäbchenprobe machen, siehe Tipp Seite 12), herausnehmen und auskühlen lassen. Den Boden vorsichtig aus der Form lösen und das Backpapier entfernen.

6 Für den Belag die Birnen abtropfen lassen, den Saft auffangen. Die Gelatine in kaltem Wasser einweichen.

7 Den Joghurt mit dem Quark, dem Zitronensaft und nach Belieben mit dem Zucker verrühren. Vom Birnensaft 150 ml abmessen und in einem kleinen Topf erwärmen. Die Gelatine ausdrücken, im warmen Saft auflösen und alles unter die Joghurtcreme rühren. Die Creme etwa 30 Minuten kalt stellen, bis sie beginnt, fest zu werden.

8 Die Sahne schnittfest schlagen und unter die Joghurtcreme heben. Den Tortenboden mit der Aprikosenkonfitüre bestreichen und die Birnenhälften darauflegen. Die Creme über den Birnen verteilen und glatt streichen. Die Joghurtcreme im Kühlschrank etwa 3 Stunden fest werden lassen.

9 Die Biskuittorte mit Schokoladenraspel bestreut servieren.

Pfirsichcremetorte

1 Den Backofen auf 180 °C (Ober- und Unterhitze) vorheizen.

2 Die Eier trennen. Die Eiweiße mit dem Salz steif schlagen, dabei die Hälfte des Zuckers einrieseln lassen. Die Eigelbe mit der Zitronenschale und dem restlichen Zucker schaumig rühren. Den Eischnee unter die Eigelbmasse ziehen.

3 Das Mehl mit den Mandeln und dem Backpulver vermischen. Die Mehlmischung über die Eimasse sieben und locker unterheben. Die Masse sofort in eine mit Backpapier ausgelegte Springform füllen und im Ofen 40–45 Minuten backen (Stäbchenprobe durchführen, siehe Tipp Seite 12). Den Biskuitboden aus dem Ofen nehmen, auf ein Kuchengitter stürzen, das Backpapier abziehen und auskühlen lassen.

4 Für die Creme die Gelatine in reichlich kaltem Wasser einweichen. Die Pfirsiche in kleine Würfel schneiden und fein pürieren. Das Pfirsichpüree zusammen mit dem Joghurt unter den Quark mischen. Die Quarkcreme nach Belieben mit Zucker abschmecken.

5 Die Gelatine tropfnass in einem kleinen Topf bei niedriger Hitze langsam auflösen. Etwas Quarkcreme unter die Gelatine rühren und die Mischung zügig unter die restliche Creme rühren.

6 Die Sahne steif schlagen. Sobald die Creme zu gelieren beginnt, die Sahne unterheben. Die Creme auf dem Biskuitboden verstreichen und die Torte zum Festwerden mindestens 4 Stunden in den Kühlschrank stellen.

7 Für die Garnitur die Pfirsiche waschen, die Kerne entfernen und das Fruchtfleisch in sehr dünne Spalten schneiden. Die Spalten in einem kleinen Topf mit 2 Esslöffeln Wasser leicht andünsten, mit Zucker bestreuen, dann kühl stellen.

8 Die Pfirsichcremetorte aus dem Kühlschrank nehmen und mit den Pfirsichspalten sowie Minzeblättchen garniert servieren.

ZUTATEN FÜR 1 SPRINGFORM
(22 CM DURCHMESSER)

Für den Biskuit:

4 Eier · 1 Prise Salz · 120 g Zucker · abgeriebene Schale von ½ unbehandelten Zitrone · 100 g Mehl · 20 g gemahlene Mandeln · 1 Msp. Backpulver

Für die Creme:

10 Blatt weiße Gelatine · 1300 g Pfirsiche (aus der Dose; abgetropft) · 150 g Vanillejoghurt · 250 g Magerquark · etwa 50 g Zucker (nach Belieben) · 150 ml Sahne (mindestens 30 % Fett)

Für die Garnitur:

2 frische Pfirsiche · 1 EL Zucker · Minzeblättchen

ZUBEREITUNGSZEIT: 1 STUNDE
BACKZEIT: 45 MINUTEN
KÜHLZEIT: 4 STUNDEN

Birnen-Quark-Torte

ZUTATEN FÜR 1 SPRINGFORM
(26 CM DURCHMESSER)

Für den Mürbeteigboden:

150 g Mehl

50 g gemahlene Mandeln

65 g Zucker

1 Prise Salz

1 Ei

130 g Butter

Mehl (für die Arbeitsfläche)

Butter (für die Form)

getrocknete Hülsenfrüchte
(zum Blindbacken)

Für die Birnen:

700 ml trockener Weißwein

1 Stange Zimt

4 Gewürznelken

1 Kardamomkapsel, angedrückt

Mark von 1 Vanilleschote

etwa 100 g Zucker

5 Birnen

Für die Quarkcreme:

8 Blatt weiße Gelatine

500 g Magerquark

125 g Zucker

2 EL Zitronensaft

100 ml Sahne
(mindestens 30 % Fett)

Puderzucker (zum Bestauben)

ZUBEREITUNGSZEIT: 50 MINUTEN
BACKZEIT: 20 MINUTEN
KÜHLZEIT:
3 STUNDEN 30 MINUTEN

1 Für den Teig das Mehl mit den Mandeln, dem Zucker und dem Salz mischen und auf die Arbeitsfläche häufen. In die Mitte eine Mulde drücken, das Ei hineinschlagen und die Butter in Stücken um die Mulde herum verteilen. Alle Zutaten mit einem Messer gut durchhacken, sodass kleine Teigkrümel entstehen. Die Krümel mit den Händen rasch zu einem festen Teig verkneten. Den Teig zu einer Kugel formen, in Frischhaltefolie wickeln und etwa 30 Minuten kalt stellen.

2 Den Backofen auf 180 °C (Ober- und Unterhitze) vorheizen.

3 Für die Birnen den Wein mit der Zimtstange, den Nelken, dem Kardamom, dem Vanillemark und dem Zucker in einem Topf zum Kochen bringen und bei mittlerer Hitze etwa 10 Minuten leise köcheln lassen.

4 Die Birnen schälen, halbieren und vom Kerngehäuse befreien. Die Birnenhälften in den Sud legen und etwa 5 Minuten ziehen lassen. Den Topf vom Herd nehmen und die Birnen darin auskühlen lassen.

5 Den Teig auf einer bemehlten Arbeitsfläche etwas größer als die Form ausrollen. Eine Springform mit Butter einfetten und mit dem Teig auskleiden, dabei einen Rand hochziehen. Den Boden mit Backpapier bedecken, die Hülsenfrüchte daraufstreuen. Den Mürbeteig im Ofen etwa 20 Minuten blindbacken, herausnehmen, das Backpapier mit den Hülsenfrüchten entfernen und den Boden auskühlen lassen.

6 In der Zwischenzeit für die Quarkcreme die Gelatine in kaltem Wasser einweichen. Die Birnen aus dem Sud nehmen, die Hälfte klein würfeln. Die übrigen Birnen pürieren. Den Quark mit dem Zucker und dem Zitronensaft verrühren. Die Gelatine tropfnass in einem Topf bei niedriger Hitze auflösen und mit 2 Esslöffeln der Quarkmasse verrühren. Die Gelatinemischung unter die restliche Quarkmasse rühren.

7 Die Hälfte der Quarkcreme in eine andere Schüssel füllen und mit dem Birnenpüree mischen. Die Sahne steif schlagen und mit den Birnenstückchen unter die andere Hälfte der Quarkcreme heben. Die Quark-Püree-Mischung auf dem Mürbeteigboden verstreichen und den Sahnequark mit den Birnenstückchen vorsichtig darauf verteilen.

8 Die Birnen-Quark-Torte etwa 3 Stunden zum Festwerden in den Kühlschrank stellen, anschließend aus der Form lösen, mit Puderzucker bestauben und in Stücke geschnitten servieren.

Kirschkuchen
mit Streuseln

ZUTATEN FÜR 1 SPRINGFORM (22 CM DURCHMESSER)

Für den Mürbeteigboden und die Streusel:

400 g Mehl

2 Eier

250 g kalte Butter

125 g Zucker

1 Msp. Zimt

1 Msp. abgeriebene Schale von einer unbehandelten Zitrone

Butter und Mehl (für die Form)

Für das Kirschgelee:

6 Blatt rote Gelatine

500 g Kirschen

250 ml Kirschsaft

200 ml trockener Rotwein

Saft von 1 Zitrone

60 g Zucker

Für die Garnitur:

200 ml Sahne (mindestens 30 % Fett)

2 EL Puderzucker

Minzeblättchen

ZUBEREITUNGSZEIT: 45 MINUTEN
BACKZEIT: 25 MINUTEN
KÜHLZEIT: 4 STUNDEN

1 Für den Mürbeteigboden das Mehl auf die Arbeitsfläche sieben und in die Mitte eine Mulde drücken. Die Eier hineingeben und die kalte Butter in Stücken auf dem Rand der Mulde verteilen. Den Zucker, den Zimt und die Zitronenschale auf den Rand streuen.

2 Die Zutaten mit einem Messer zu Teigkrümeln hacken, anschließend zu einem geschmeidigen Teig kneten. Nach Bedarf ein wenig Wasser dazugeben. Den Teig zu einer Kugel formen und in Frischhaltefolie gewickelt mindestens 1 Stunde kalt stellen.

3 Den Ofen auf 180 °C (Umluft) vorheizen. Die Springform mit Butter einfetten und mit Mehl bestauben.

4 Etwa 1 Drittel von dem Teig zwischen den Händen zu Streuseln zerreiben. Den restlichen Teig ausrollen und gleichmäßig auf den Springformboden drücken, den Rand frei lassen. Den Mürbeteig im Ofen 25 Minuten goldbraun und knusprig backen. Die Streusel auf einem mit Backpapier ausgelegten Backblech verteilen und im Ofen etwa 15 Minuten mitbacken. Den Tortenboden und die Streusel aus dem Ofen nehmen. Den Kuchenboden vorsichtig aus der Form lösen und auskühlen lassen.

5 Für das Kirschgelee die Gelatine in kaltem Wasser einweichen. Die Kirschen waschen und entkernen. Den Kirschsaft mit dem Rotwein, dem Zitronensaft und dem Zucker in einem Topf aufkochen lassen. Die Kirschen dazugeben und 2–3 Minuten mitköcheln lassen.

6 Den Topf vom Herd nehmen, einige Kirschen für die Garnitur herausnehmen und beiseitelegen. Die Gelatine ausdrücken, anschließend unter die restlichen Kirschen rühren und darin auflösen. Das Kirschgelee etwas abkühlen lassen.

7 Einen Tortenring um den Mürbeteigboden legen, das Kirschgelee hineinfüllen und mindestens 3 Stunden kalt stellen.

8 Den Tortenring entfernen und die Streusel über das Kirschgelee streuen. Die Sahne mit dem Puderzucker steif schlagen und in einen Spritzbeutel mit Sterntülle füllen. Zunächst den Rand der Torte mit Sahne verzieren, dann in die Mitte Sahnetupfen setzen.

9 Die Sahnetupfen auf dem Kuchen mit den übrigen Kirschen belegen. Den Kirschkuchen mit Minze garniert servieren.

Schmandkuchen
mit Kirschen

ZUTATEN FÜR 1 SPRINGFORM (26 CM DURCHMESSER)

Für den Mürbeteigboden:

250 g Mehl
1 Prise Salz
40 g Zucker
1 EL Vanillezucker
1 Ei
120 g kalte Butter
Mehl (für die Arbeitsfläche und die Form)
Butter (für die Form)
40 g gemahlene Mandeln

Für den Belag:

400 g Schmand
200 g Magerquark
100 ml Sahne (mindestens 30 % Fett)
3 EL Speisestärke
2 Eier
50 g Zucker
2 EL Vanillezucker
50 g Kirschkonfitüre
500 g entsteinte Kirschen
Puderzucker (zum Bestauben)

ZUBEREITUNGSZEIT: 40 MINUTEN
KÜHLZEIT: 30 MINUTEN
BACKZEIT: 50 MINUTEN

1 Für den Teig das Mehl mit dem Salz, dem Zucker und dem Vanillezucker mischen und auf die Arbeitsfläche häufen. In die Mitte eine Mulde drücken. Das Ei hineingeben und die kalte Butter in Stücken auf dem Rand der Mulde verteilen. Die Zutaten mit einem Messer gut durchhacken, sodass kleine Teigkrümel entstehen.

2 Anschließend mit den Händen die Krümel rasch zu einem Teig verkneten. Den Teig zu einer Kugel formen, in Frischhaltefolie wickeln und 30 Minuten kühl stellen.

3 Den Teig auf einer bemehlten Arbeitsfläche ausrollen. Eine Springform mit Butter einfetten und mit Mehl bestreuen. Die Form mit dem Teig auskleiden, dabei einen Rand formen. Die Mandeln auf den Teigboden streuen.

4 Den Backofen auf 180 °C (Umluft) vorheizen.

5 Für den Belag den Schmand mit dem Quark, der Sahne, der Stärke, den Eiern, dem Zucker und dem Vanillezucker glatt rühren. Die Kirschkonfitüre in einem kleinen Topf erwärmen. Die Kirschen dazugeben und alles vermengen.

6 Etwa 1 Viertel der Kirschen auf dem Teig verteilen. Die Schmandcreme daraufgeben und glatt streichen. Die restlichen Kirschen darüber verteilen. Den Kuchen im Ofen etwa 50 Minuten goldbraun backen. Bevor er zu dunkel wird, mit Alufolie abdecken.

7 Den Schmandkuchen aus dem Ofen nehmen, auskühlen lassen und mit Puderzucker bestaubt servieren.

1/3 C
(79ml)

Kirsch-Quark-Torte
mit Keksboden

ZUTATEN FÜR 1 SPRINGFORM
(20 CM DURCHMESSER)

Für den Keksboden:

150 g Vollkornkekse · 2 EL brauner Zucker · 75 g Butter, zerlassen

Für das Kompott:

400 g Süßkirschen mit Saft (aus dem Glas) · etwa 2 EL Speisestärke · 30 g Zucker · 1 Msp. Zimt · 1 Msp. gemahlene Nelken

Für die Creme:

5 Blatt weiße Gelatine · 500 g Magerquark · 100 g Zucker · 1 Spritzer Zitronensaft · 200 ml Sahne (mindestens 30 % Fett)

3 EL Schokoladenspäne (zum Garnieren)

Minzeblättchen (zum Garnieren)

ZUBEREITUNGSZEIT: 45 MINUTEN
KÜHLZEIT: 4 STUNDEN

1 Die Kekse in einen Gefrierbeutel geben und mit einem Nudelholz fein zerkrümeln. Die Keksbrösel mit dem Zucker und der Butter mischen und damit den Boden einer mit Backpapier ausgelegten Springform bedecken, gut andrücken. Den Boden etwa 1 Stunde in den Kühlschrank stellen.

2 In der Zwischenzeit für das Kompott die Kirschen abtropfen lassen. Den Saft auffangen und 4 Esslöffel Kirschsaft mit der Speisestärke glatt rühren.

3 Den restlichen Saft mit dem Zucker, dem Zimt und den Nelken in einem Topf kurz aufkochen lassen, dann mit der angerührten Stärke abbinden. Die Sauce nochmals kurz aufkochen und eindicken lassen. Ist die Sauce zu flüssig, mehr Stärke einrühren. Den Topf vom Herd ziehen, die Kirschen untermengen und das Kompott abkühlen lassen.

4 Für die Creme die Gelatine in kaltem Wasser einweichen. Den Quark mit dem Zucker und dem Zitronensaft verrühren. Die Sahne steif schlagen und nach und nach unter den Quark heben.

5 Die Gelatine gut ausdrücken und in einem kleinen Topf bei niedriger Hitze auflösen. Anschließend 2 Esslöffel der Quarkcreme einrühren. Die Mischung in die restliche Creme geben und glatt rühren.

6 Den Boden aus dem Kühlschrank nehmen. Das Kirschkompott in der Mitte des Keksbodens verteilen, dabei etwa 2 cm zum Rand frei lassen. Die Quarkcreme gleichmäßig darüber streichen. Die Torte zum Festwerden mindestens 3 Stunden in den Kühlschrank stellen.

7 Die Kirsch-Quark-Torte aus der Form lösen, mit den Schokospänen bestreut und mit Minze garniert servieren.

Sauerkirschtorte

mit Mürbeteigboden

1 Für die Schokoladensahne die Sahne zum Kochen bringen. Inzwischen die Kuvertüre in Stücke hacken. Die kochende Sahne vom Herd nehmen. Die Kuvertüre einrühren und in der Sahne schmelzen. Die Schokoladensahne abkühlen lassen. Wenn sie lauwarm ist, nach Belieben Kirschwasser unterrühren, dann die Sahne mindestens 1 Stunde in den Kühlschrank stellen und kalt werden lassen.

2 Für den Mürbeteigboden die Zitrone heiß waschen, abtrocknen und die Schale abreiben. Diese mit dem Mehl, dem Salz, dem Zucker, dem Vanillezucker und den Mandeln mischen und auf eine Arbeitsfläche häufen. In die Mitte eine Mulde drücken. Das Ei hineingeben und die kalte Butter in Stücken auf dem Rand der Mulde verteilen.

3 Die Zutaten mit einem Messer gut durchhacken, sodass kleine Teigkrümel entstehen. Anschließend die Krümel rasch zu einem Teig verkneten. Den Teig zu einer Kugel formen, in Frischhaltefolie wickeln und 30 Minuten kühl stellen.

4 Den Backofen auf 190 °C (Ober- und Unterhitze) vorheizen. Eine Form gut mit Butter einfetten und mit Semmelbröseln ausstreuen.

5 Den Teig gleichmäßig zwischen 2 Lagen Frischhaltefolie etwas größer als die Form ausrollen. Die Form mit dem Teig auskleiden, dabei einen Rand hochziehen. Den Boden mehrmals mit einer Gabel einstechen und den Boden etwa 20 Minuten goldbraun backen. Dann den Mürbeteigboden kurz in der Form abkühlen und auf einem Kuchengitter etwa 30 Minuten ganz erkalten lassen.

6 Für den Guss die Sauerkirschen abgießen, dabei den Saft auffangen. Die Kirschen abtropfen lassen. Den Tortenguss nach Packungsanweisung mit dem aufgefangenen Kirschsaft in einem kleinen Topf zubereiten. Bei Bedarf noch Kirschsaft dazugeben. Die Zitronenschale in den Tortenguss rühren. Den Topf vom Herd nehmen, die Kirschen dazugeben und alles lauwarm abkühlen lassen.

7 Die sehr kalte Schokoladensahne schnittfest schlagen und gleichmäßig auf den Tortenboden streichen. Die lauwarmen Kirschen darauf verteilen. Den Guss in etwa 30 Minuten fest werden lassen und die Sauerkirschtorte in Stücke geschnitten servieren.

ZUTATEN FÜR 1 TARTEFORM
(26 CM DURCHMESSER)

Für die Schokoladensahne:

250 ml Sahne (mindestens 30 % Fett) · 500 g Zartbitterkuvertüre · 2–3 TL Kirschwasser (nach Belieben)

Für den Mürbeteigboden:

½ unbehandelte Zitrone · 250 g Mehl · 1 Prise Salz · 60–80 g Zucker · 2 TL Vanillezucker · 50 g gemahlene Mandeln · 1 Ei · 160 g kalte Butter · Butter und Semmelbrösel (für die Form)

Für den Kirschguss:

400 g Sauerkirschen mit Saft (aus dem Glas) · 2 Päckchen roter Tortenguss · abgeriebene Schale von ½ unbehandelten Zitrone

ZUBEREITUNGSZEIT: 25 MINUTEN
BACKZEIT: 20 MINUTEN
RUHE- UND KÜHLZEIT: 2 STUNDEN 30 MINUTEN

Rhabarbertorte

mit Baiserhaube

ZUTATEN FÜR 1 SPRINGFORM (24 CM DURCHMESSER)

Für den Rührteig:

140 g weiche Butter

150 g Zucker

1 Päckchen Vanillezucker

3 Eier

250 g Mehl

Butter und Mehl (für die Form)

Für die Füllung:

2 Eigelb

1 EL Speisestärke

5 EL Sahne (mindestens 30 % Fett)

50 g Puderzucker

200 g Rhabarber

Für die Baiserhaube:

3 Eiweiß

100 g Puderzucker

ZUBEREITUNGSZEIT: 30 MINUTEN
BACKZEIT: 55 MINUTEN

1 Den Backofen auf 200 °C (Ober- und Unterhitze) vorheizen.

2 Die weiche Butter mit dem Zucker und dem Vanillezucker cremig rühren. Die Eier mit einem Schneebesen unterschlagen, dann das Mehl unterheben.

3 Eine Springform mit Butter einfetten und mit Mehl bestreuen. Den Teig einfüllen, glatt streichen und im Backofen 20 Minuten vorbacken. Den Tortenboden herausnehmen und in der Form gut auskühlen lassen.

4 Für die Füllung die Eigelbe mit der Stärke, der Sahne und dem Puderzucker auf einem heißen Wasserbad (siehe Tipp) schaumig schlagen.

5 Den Rhabarber schälen und in kleine Stücke schneiden. Die Rhabarberstücke mit 3 Esslöffeln Wasser in einem kleinen Topf 1–2 Minuten dünsten. Den Topf vom Herd ziehen und den Rhabarber abkühlen lassen.

6 Den Rhabarber unter die Eigelbmasse ziehen. Die Mischung auf dem Tortenboden verteilen. Die Temperatur im Ofen auf 150 °C (Ober- und Unterhitze) reduzieren und den Kuchen 25 Minuten backen.

7 Für die Baiserhaube die Eiweiße sehr steif schlagen und den Puderzucker langsam einrieseln lassen. Weiterschlagen, bis die Masse glänzt und Spitzen zieht. Den Rhabarberkuchen aus dem Ofen nehmen. Den Eischnee auf der Rhabarberfüllung verteilen und mit einem Esslöffel Spitzen ziehen. Den Kuchen bei 230 °C Ober-und Unterhitze etwa 10 Minuten backen, bis das Baiser hellbraun wird.

8 Die Rhabarbertorte auskühlen lassen, aus der Form nehmen und servieren.

TIPP

Für ein Wasserbad füllen Sie einen Topf zu etwa 1 Drittel mit Wasser und erhitzen es, es darf aber nicht kochen. Die Zutaten geben Sie in eine Metallschüssel oder einen Topf, den Sie in den Wasserbad-Topf einhängen können. Metall leitet die Wärme am besten. Eine Glasschüssel kann zerspringen und eine Kunststoffschüssel leitet schlecht. Die Metallschüssel darf aber das Wasser nicht berühren, sonst wird die Temperatur zu hoch. In diesem Fall kann beispielsweise Eigelb gerinnen oder Schokolade krümelig werden.

Rhabarberkuchen
mit Haselnüssen

ZUTATEN FÜR 1 SPRINGFORM
(24 CM DURCHMESSER)

Für die Füllung und den Belag:

50 g frischer Rhabarber · 2 EL Puderzucker

1–2 EL Speisestärke · 75 g Haselnusskerne

Butter und Semmelbrösel (für die Form)

Für den Rührteig:

150 g Butter · 125 g Zucker · 4 Eier · 75–100 ml Milch · ½ TL abgeriebene Schale einer unbehandelten Zitrone · 350 g Mehl · ½ Päckchen Backpulver

Puderzucker (zum Bestauben)

ZUBEREITUNGSZEIT: 30 MINUTEN
BACKZEIT: 50 MINUTEN

1 Für die Füllung den Rhabarber putzen, waschen und in 1–2 cm große Stücke schneiden. Den Rhabarber mit dem Puderzucker und der Stärke locker vermengen. Die Nüsse in einer Pfanne ohne Fett leicht anrösten, herausnehmen und grob hacken.

2 Den Backofen auf 180 °C (Ober- und Unterhitze) vorheizen. Eine Springform mit Butter einfetten und mit Bröseln ausstreuen.

3 Für den Teig die Butter mit dem Zucker hell und cremig schlagen. Die Eier, die Milch und die Zitronenschale nach und nach unterrühren. Das Mehl mit dem Backpulver mischen und unterheben, sodass ein streichfähiger, geschmeidiger Teig entsteht. Die Hälfte des Rhabarbers und der Nüsse untermengen.

4 Den Teig in die Springform füllen, glatt verstreichen und den restlichen Rhabarber mit den Nüssen darauf verteilen. Den Kuchen im Ofen etwa 50 Minuten backen (Stäbchenprobe machen, siehe Tipp Seite 12). Wird der Kuchen zu dunkel, rechtzeitig mit Alufolie abdecken.

5 Den fertigen Kuchen aus dem Ofen nehmen, auskühlen lassen, aus der Form lösen und mit Puderzucker bestaubt servieren.

TIPP

Servieren Sie den Rhabarberkuchen als Dessert, dann passt dazu Vanillesauce.

Rhabarbertarte

1 Das Mehl mit der Zitronenschale, dem Zucker sowie dem Salz mischen und auf die Arbeitsfläche häufen. In die Mitte eine Mulde drücken. Das Ei hineinschlagen und die Butter in Flöckchen um die Mulde herum verteilen.

2 Die Zutaten mit einem Messer gut durchhacken, sodass kleine Teigkrümel entstehen. Anschließend die Krümel rasch zu einem Teig verkneten. Den Teig zu einer Kugel formen, in Frischhaltefolie wickeln und 30 Minuten kühl stellen.

3 Den Backofen auf 180 °C (Ober- und Unterhitze) vorheizen. Eine Tarteform mit Butter einfetten.

4 Für die Füllung den Rhabarber putzen, waschen und schräg in etwa 3–4 cm lange Stücke schneiden. Die Stücke mit dem Zucker und dem Puddingpulver mischen.

5 2 Drittel vom Teig auf einer bemehlten Arbeitsfläche ausrollen und die Tarteform damit auskleiden. Den Boden mit den Bröseln bestreuen und die Rhabarberstücke darauf verteilen.

6 Den übrigen Teig auf einer bemehlten Arbeitsfläche dünn ausrollen und in 1,5 cm breite Streifen schneiden. Die Teigstreifen gitterartig auf die Rhabarberfüllung legen und mit zerlassener Butter bestreichen. Das Teiggitter mit Zucker bestreuen und den Kuchen im Ofen 30–35 Minuten backen.

7 Den Rhabarberkuchen aus dem Ofen nehmen und lauwarm oder kalt servieren.

ZUTATEN FÜR 1 TARTEFORM (26 CM DURCHMESSER)

Für den Mürbeteigboden und das Teiggitter:

280 g Mehl · ½ TL abgeriebene Schale von einer unbehandelten Zitrone · 90 g Zucker · 1 Prise Salz · 1 Ei · 180 g kalte Butter

Butter (für die Form)

Mehl (für die Arbeitsfläche)

3 EL Semmelbrösel · 20 g Butter, zerlassen

2 EL Zucker (zum Bestreuen)

Für die Rhabarberfüllung:

700 g Rhabarber · 180 g Zucker

1 Päckchen Vanillepuddingpulver (für 500 ml Flüssigkeit)

ZUBEREITUNGSZEIT: 40 MINUTEN
KÜHLZEIT: 30 MINUTEN
BACKZEIT: 35 MINUTEN

Mirabellentorte
mit Marzipan

ZUTATEN FÜR 1 SPRINGFORM (26 CM DURCHMESSER)

Für den Knetteigboden:

150 g Mehl

50 g fein gemahlene Hirse

1 Prise Salz

80 g Sauerrahm

2 EL Honig

100 g kalte Butter

Butter und Semmelbrösel (für die Form)

Für den Belag:

100 g Mandelkerne

750 g Mirabellen

170 g Puderzucker

1–2 EL Mirabellengeist

3 Eiweiß

1 Prise Salz

100 g Marzipanrohmasse

ZUBEREITUNGSZEIT: 40 MINUTEN
KÜHLZEIT: 1 STUNDE
BACKZEIT: 30 MINUTEN

1 Das Mehl mit der Hirse und dem Salz in einer Schüssel mischen. Den Sauerrahm, den Honig und die Butter in Stücken dazugeben. Alles zu einem glatten Teig verkneten. Den Teig zu einer Kugel formen und in Frischhaltefolie gewickelt 1 Stunde im Kühlschrank ruhen lassen.

2 Den Backofen auf 180 °C (Ober- und Unterhitze) vorheizen. Eine Springform mit Butter einfetten und mit Bröseln ausstreuen.

3 Den Teig etwas größer als die Form ausrollen und dann den Boden der Form damit auskleiden, dabei einen gut 1 cm hohen Rand formen. Den Boden mehrfach mit einer Gabel einstechen und im Ofen 20 Minuten backen, anschließend etwas abkühlen lassen.

4 In der Zwischenzeit die Mandeln mit kochendem Wasser überbrühen, abschrecken, die Haut abziehen und die Mandeln gut trocknen lassen. Die Mirabellen waschen, abtrocknen, halbieren und entsteinen.

5 Die Mandeln im Mixer oder mit der Küchenmaschine fein zerkleinern, dabei 70 g Puderzucker und den Mirabellengeist nach und nach dazugeben.

6 Die Eiweiße mit dem Salz steif schlagen und den restlichen Puderzucker nach und nach einrieseln lassen. Die Hälfte des Eischnees in eine weitere Schüssel geben.

7 Die Temperatur im Backofen auf 220 °C (Ober- und Unterhitze) erhöhen.

8 Das Marzipan hacken und unter eine Hälfte des Eischnees mischen. Den Marzipaneischnee auf dem Tortenboden verstreichen und die Mirabellen darauflegen. Den restlichen Eischnee in einen Spritzbeutel mit Sterntülle geben und ein Gitter auf die Torte spritzen.

9 Die Mirabellentorte etwa 10 Minuten im Ofen backen, bis der Eischnee sich hellbraun färbt. Die Torte vor dem Servieren auf einem Kuchengitter abkühlen lassen.

Mandarinen-Käsesahne

ZUTATEN FÜR 1 SPRINGFORM
(26 CM DURCHMESSER)

Für den Mürbeteigboden:

200 g Mehl

1 Ei

70 g Zucker

1 Prise Salz

140 g kalte Butter

Mehl (für die Arbeitsfläche)

Butter (für die Form und bei Bedarf für das Backpapier)

Für die Mandarinencreme:

2 Dosen Mandarinen (à etwa 314 ml Inhalt)

4 Eier

1 kg Magerquark

180 g Zucker

1 Päckchen Vanillepuddingpulver (für 500 ml Flüssigkeit)

1 Prise Salz

Für die Garnitur:

150 ml Sahne (mindestens 30 % Fett)

1 ½ EL Vanillezucker

ZUBEREITUNGSZEIT: 45 MINUTEN
KÜHLZEIT: 1 STUNDE
BACKZEIT: 55 MINUTEN

1 Für den Mürbeteig das Mehl auf die Arbeitsfläche sieben. In die Mitte eine Mulde drücken und das Ei hineingeben. Auf den Rand der Mulde den Zucker und das Salz streuen. Die kalte Butter in Stücke schneiden und auf dem Mehl verteilen. Die Zutaten mit einem Messer gut durchhacken, sodass kleine Teigkrümel entstehen. Anschließend die Krümel rasch zu einem Teig verkneten. Den Teig zu einer Kugel formen, in Frischhaltefolie wickeln und mindestens 1 Stunde im Kühlschrank ruhen lassen.

2 Den Backofen auf 180 °C (Ober- und Unterhitze) vorheizen.

3 Für die Mandarinencreme die Mandarinen über einem Sieb gut abtropfen lassen, den Saft dabei auffangen. Von den Mandarinenfilets 20 Stück für die Garnitur beiseitelegen.

4 Die Eier trennen. Die Eigelbe mit dem Quark, dem Zucker, 3–4 Esslöffeln Mandarinensaft und dem Puddingpulver glatt rühren. Die Eiweiße mit dem Salz steif schlagen und mit den Mandarinenfilets unter die Quarkmasse heben.

5 Den Mürbeteig auf einer leicht bemehlten Arbeitsfläche ausrollen. Eine Springform mit Butter einfetten und mit dem Teig auskleiden, dabei einen Rand hochziehen.

6 Die Mandarinencreme auf dem Teigboden verstreichen und im Ofen 45–55 Minuten backen (Stäbchenprobe machen, siehe Tipp Seite 12). Wird die Torte zu braun, rechtzeitig mit gebuttertem Backpapier bedecken.

7 Den Kuchen aus dem Ofen nehmen, auskühlen lassen, aus der Form lösen und auf eine Kuchenplatte setzen.

8 Die Sahne mit dem Vanillezucker steif schlagen. Die Sahne in einen Spritzbeutel mit Sterntülle füllen und die Torte damit am oberen Rand entlang verzieren. Die Mandarinen-Käsesahne mit den beiseitegelegten Mandarinenfilets belegen und servieren.

TIPP

Zum Backen eignen sich Mandarinen aus der Dose besser als frische. Denn bei Dosenmandarinen ist die Haut bereits entfernt, die beim Backen bitter werden kann. Für die Dekoration können Sie frische Mandarinen verwenden – einfach schälen, die Haut entfernen und mit den Filets die Torte garnieren.

Buchweizentorte

mit Aprikosen-Joghurt-Creme

ZUTATEN FÜR 1 SPRINGFORM (26 CM DURCHMESSER)

Für den Biskuit:

4 Eier · 120 g Zucker · 100 g Buchweizenvollkornmehl · 20 g Dinkelvollkornmehl · 1 EL Speisestärke · 1 Prise Salz · 1 TL Backpulver

Für die Aprikosencreme:

8 Blatt weiße Gelatine · 500 g Aprikosen · 500 g Naturjoghurt · 80 g Zucker · 200 ml Sahne (mindestens 30 % Fett)

Für die Garnitur:

150 ml Sahne (mindestens 30 % Fett) · 1 Päckchen Vanillezucker · 100 g gehackte Pistazien

Melisseblättchen · Puderzucker

ZUBEREITUNGSZEIT: 40 MINUTEN
BACKZEIT: 40 MINUTEN / KÜHLZEIT: 3 STUNDEN

1 Den Backofen auf 180 °C (Ober- und Unterhitze) vorheizen. Eine Springform mit Backpapier auslegen.

2 Für den Biskuit die Eier trennen. Die Eiweiße mit 100 g Zucker steif schlagen. Die Eigelbe mit 3–4 Esslöffeln Wasser und dem restlichen Zucker schaumig schlagen. Die beiden Mehlsorten mit der Stärke, dem Salz und dem Backpulver mischen, über die Eigelbmasse geben und mit einem Schneebesen unterziehen. Den Eischnee vorsichtig unterheben. Die Masse in die Form füllen und im Ofen 30–40 Minuten backen. Den Biskuitboden aus dem Ofen nehmen und auf ein Kuchengitter stürzen. Das Backpapier abziehen und den Boden auskühlen lassen.

3 Für die Aprikosencreme die Gelatine in reichlich kaltem Wasser einweichen. Die Aprikosen mit heißem Wasser übergießen, mit kaltem Wasser abschrecken, häuten, vierteln und den Stein enfernen. Etwa 3 Aprikosen für die Garnitur beiseitelegen. Die restlichen Aprikosen mit dem Joghurt und dem Zucker im Mixer oder mit einem Pürierstab pürieren.

4 Die Gelatine ausdrücken und in einem kleinen Topf bei mittlerer Temperatur auflösen. Etwas Aprikosencreme einrühren und die Mischung zügig unter die restliche Aprikosencreme rühren. Die Aprikosencreme in eine Schüssel geben und kühl stellen, bis sie beginnt, fest zu werden. Die Sahne steif schlagen und unter die leicht feste Creme heben.

5 Den Biskuitboden quer halbieren und einen Tortenring um den unteren Boden legen. Die Aprikosencreme einfüllen, glatt streichen und den zweiten Boden daraufsetzen. Die Torte 2–3 Stunden kühl stellen, damit die Creme fest wird.

6 Die Torte aus dem Kühlschrank nehmen und den Tortenring entfernen. Die Sahne mit dem Vanillezucker steif schlagen. Die übrigen Aprikosen in Spalten schneiden. Die Torte rundherum mit knapp der Hälfte der Sahne dünn einstreichen, den Rest in einen Spritzbeutel mit Sterntülle füllen.

7 Den Tortenrand mit Pistazien verzieren. Die Aprikosen fächerartig in die Mitte der Torte legen. Den oberen Rand der Torte mit Sahne garnieren. Die Buchweizentorte mit Melisseblättchen garniert und mit Puderzucker bestaubt servieren.

Pfeffer-Pfirsich-Torte

1 Den Backofen auf 160 °C (Umluft) vorheizen.

2 Das Mehl mit dem Zucker und dem Salz mischen, dann auf eine Arbeitsfläche häufen. In die Mitte eine Mulde drücken. Das Ei hineingeben und die kalte Butter in Stücken auf dem Rand der Mulde verteilen.

3 Die Zutaten mit einem Messer gut durchhacken, sodass kleine Teigkrümel entstehen. Anschließend die Krümel rasch zu einem Teig verkneten. Den Teig zu einer Kugel formen, in Frischhaltefolie wickeln und 30 Minuten kühl stellen.

4 Eine Springform mit Butter einfetten. Den Teig auf einer bemehlten Arbeitsfläche ausrollen und die Form damit auslegen, dabei einen Rand von 2–3 cm hochziehen. Den Teigboden mehrmals mit einer Gabel einstechen und im Ofen 25 Minuten vorbacken. Den Boden aus dem Ofen nehmen, kurz ruhen lassen, dann aus der Form lösen und auf einem Kuchengitter abkühlen lassen.

5 Für den Belag die Pfirsiche mit heißem Wasser überbrühen, mit kaltem Wasser abschrecken und enthäuten. Die Pfirsiche vierteln, den Kern entfernen und das Fruchtfleisch in schmale Spalten schneiden. In einem Topf mit etwas Wasser die Pfirsichspalten zugedeckt 4–5 Minuten weich dünsten, dann in eine Schüssel legen und kräftig mit Pfeffer bestreuen. Den Orangenlikör unterrühren und alles zugedeckt etwa 30 Minuten ziehen lassen. Die Pfirsichspalten abtropfen lassen, dabei die Flüssigkeit auffangen.

6 Die Sahne mit dem Zucker und dem Sahnesteif schnittfest schlagen. Von der abgetropften Flüssigkeit etwa 2 Esslöffel auf den Tortenboden träufeln, den Rest unter die Sahne ziehen. Etwa 1 Drittel der Sahne auf dem Tortenboden verstreichen. Einige Pfirsichspalten zum Verzieren beiseitelegen, die restlichen auf dem Tortenboden verteilen. Die übrige Sahne auf die Pfirsiche geben und glatt streichen.

7 Die Torte mit den beiseitegestellten Pfirsichspalten sowie den Minzeblättchen verzieren und in der Mitte mit etwas Cayennepfeffer bestreuen. Die Pfeffer-Pfirsich-Torte bis zum Servieren 1 Stunde kalt stellen.

ZUTATEN FÜR 1 SPRINGFORM
(26 CM DURCHMESSER)

Für den Mürbeteigboden:

200 g Mehl · 60 g Zucker · 1 Prise Salz · 1 Ei
125 g kalte Butter · Butter (für die Form)
Mehl (für die Arbeitsfläche)

Für den Belag:

600 g Pfirsiche
frisch gemahlener Pfeffer · 4 cl Orangenlikör
500 ml Sahne (mindestens 30 % Fett)
4 EL Zucker · 2 Päckchen Sahnesteif
Cayennepfeffer (zum Bestreuen)
Minzeblättchen (zum Garnieren)

ZUBEREITUNGSZEIT: 1 STUNDE
BACKZEIT: 25 MINUTEN
KÜHL- UND ZIEHZEIT: 2 STUNDEN

Fruchtige Mokkatorte

ZUTATEN FÜR 1 SPRINGFORM
(22 CM DURCHMESSER)

Für den Biskuit:

5 Eier

180 g Zucker

1 EL Vanillezucker

abgeriebene Schale
von ½ unbehandelten Orange

160 g Mehl

20 g Speisestärke

Für die Creme:

250 ml Sahne
(mindestens 30 % Fett)

8 Blatt weiße Gelatine

500 g Mascarpone

50 ml Mokka, frisch gebrüht
und abgekühlt

150 g Zucker

2 cl Wodka

Für die Garnitur:

250 ml Sahne
(mindestens 30 % Fett)

1 Päckchen Vanillezucker

100 g Schokostreusel

1 Kiwi

1 Mandarine

ZUBEREITUNGSZEIT: 1 STUNDE
BACKZEIT: 1 STUNDE
KÜHLZEIT: 3 STUNDEN

1 Den Backofen auf 180 °C (Ober- und Unterhitze) vorheizen.

2 Für den Biskuit die Eier trennen. Die Eiweiße sehr steif schlagen, dabei die Hälfte des Zuckers einrieseln lassen. Die Eigelbe mit dem restlichen Zucker, dem Vanillezucker, der Orangenschale und 4 Esslöffeln heißem Wasser hell und cremig schlagen. Den Eischnee daraufgeben. Das Mehl mit der Stärke mischen und über den Eischnee sieben. Alles zusammen unterheben.

3 1 Drittel der Masse in eine mit Backpapier ausgelegte Springform füllen, glatt streichen und im Ofen etwa 20 Minuten backen. Die restlichen beiden Drittel der Masse nacheinander zu 2 weiteren Tortenböden backen.

4 Für die Creme die Sahne steif schlagen. Die Gelatine in kaltem Wasser einweichen. Den Mascarapone mit dem Mokka, dem Zucker und dem Wodka verrühren. Die Gelatine ausdrücken und in einem kleinen Topf bei niedriger Hitze auflösen. Den Topf vom Herd nehmen und die Gelatine mit 2 Esslöffeln der Mokkacreme verrühren. Die Mischung anschließend in die Mokkacreme rühren, dann vorsichtig die Sahne unterheben.

5 Einen Tortenring locker um einen der Tortenböden legen. Die Hälfte der Creme auf den Boden streichen, den nächsten Boden darauflegen und mit der restlichen Creme bestreichen. Mit dem letzten Tortenboden abschließen und die Torte mindestens 2 Stunden kühl stellen.

6 Für die Garnitur die Sahne mit dem Vanillezucker steif schlagen. Die Torte aus dem Kühlschrank nehmen und den Tortenring entfernen. Den äußeren Rand der Torte dünn mit Sahne bestreichen und mit Schokostreuseln verzieren.

7 Die restliche Sahne in einen Spritzbeutel mit Sterntülle füllen und die Torte damit verzieren. Die Kiwi schälen, vierteln und quer in Scheiben schneiden. Die Mandarine schälen, die einzelnen Filets trennen. Die Mokkatorte mit den Kiwi- und den Mandarinenstücken garnieren und vor dem Servieren nochmals 1 Stunde kühl stellen.

Pflaumentarte
mit Aprikosen

ZUTATEN FÜR 1 SPRINGFORM
(28 CM DURCHMESSER)

Für den Mürbeteigboden:

220 g Mehl

75 g Zucker

1 Prise Salz

1 TL abgeriebene Schale von 1 unbehandelten Zitrone

1 Ei

140 g kalte Butter

Butter (für die Form)

Mehl (für die Arbeitsfläche)

Für den Belag:

11 blaue Pflaumen

6 reife Aprikosen

3 Eier

150 ml Sahne (mindestens 30 % Fett)

2 Päckchen Vanillezucker

200 g Magerquark

2 EL Zimtzucker

ZUBEREITUNGSZEIT: 40 MINUTEN
KÜHLZEIT: 30 MINUTEN
BACKZEIT: 35 MINUTEN

1 Für den Teig das Mehl mit dem Zucker, dem Salz und der Zitronenschale mischen, dann auf eine Arbeitsfläche häufen. In die Mitte eine Mulde drücken. Das Ei hineingeben und die Butter in Stücken auf dem Rand der Mulde verteilen.

2 Die Zutaten mit einem Messer gut durchhacken, sodass kleine Teigkrümel entstehen. Anschließend die Krümel rasch zu einem Teig verkneten. Den Teig zu einer Kugel formen, in Frischhaltefolie wickeln und 30 Minuten kühl stellen.

3 Den Backofen auf 180 °C (Ober- und Unterhitze) vorheizen.

4 Für den Belag die Pflaumen und die Aprikosen waschen, halbieren und den Stein entfernen. Von den Aprikosen 2 Stück in schmale Spalten schneiden.

5 Die Eier mit der Sahne, dem Vanillezucker und dem Quark verrühren.

6 Eine Springform mit Butter einfetten. Den Teig auf einer bemehlten Arbeitsfläche etwas größer als die Form ausrollen und die Form damit auskleiden, dabei einen Rand hochziehen.

7 Die Quarkcreme auf dem Teigboden verstreichen. Die Pflaumenhälften mit der Schnittfläche nach oben am Rand entlang verteilen. 1 Pflaumenhälfte beiseitelegen. Die Aprikosenhälften ebenfalls mit der Schnittfläche nach oben in einem Kreis vor die Pflaumen legen. Die Aprikosenspalten aufrecht in der Mitte des Teigbodens platzieren. Die übrige Pflaumenhälfte mittig darauflegen.

8 Den Belag mit Zimtzucker bestreuen und den Kuchen im Ofen etwa 35 Minuten backen. Die Pflaumentarte herausnehmen, auskühlen lassen und auf einer Kuchenplatte angerichtet servieren.

Quittentorte

ZUTATEN FÜR 1 SPRINGFORM
(22 CM DURCHMESSER)

Für den Marzipanboden:

250 g Marzipanrohmasse · 2 Eier · 3 EL gemahlene Mandeln · Mehl (für die Arbeitsfläche)

Für das Quittenpüree:

300 g Quitten · 100 ml Apfelsaft · 2 Gewürznelken · 1 Sternanis · ½ Stange Zimt · etwa 2 EL Honig · 1 ½ TL Speisestärke

Für den Rührteig:

150 g Butter · 150 g Zucker · 1 Msp. gemahlener Safran · 2 Eier · 300 g Mehl · 1 TL Backpulver · etwa 120 ml Milch

3 EL Quittengelee (zum Bestreichen)

etwa 4 EL gemahlene Mandeln (zum Bestreuen)

ZUBEREITUNGSZEIT: 45 MINUTEN
BACKZEIT: 40 MINUTEN

1 Den Backofen auf 180 °C (Ober- und Unterhitze) vorheizen.

2 Das Marzipan hacken und mit den Eiern und den Mandeln zu einem glatten Teig verkneten.

3 Eine Springform mit Backpapier auslegen. Den Teig auf einer bemehlten Arbeitsfläche in Größe der Form ausrollen und den Boden der Form damit auskleiden, den Rand frei lassen.

4 Für das Quittenpüree die Quitten schälen, vierteln, das Kerngehäuse entfernen und das Fruchtfleisch klein würfeln. Den Apfelsaft in einem Topf erhitzen. Die Nelken, den Sternanis, die Zimtstange und die Quitten dazugeben. Die Quitten zugedeckt bei niedriger Hitze 15–20 Minuten weich dünsten.

5 Die Gewürze herausnehmen und den Honig einrühren. Nach Geschmack etwas mehr Honig dazugeben. Die Stärke mit 2 Esslöffeln kaltem Wasser anrühren. Das Kompott pürieren, mit der Stärke abbinden und anschließend abkühlen lassen. Von dem Quittenpüree 8 Teelöffel abnehmen und in einer Schüssel beiseitestellen.

6 Für den Rührteig die Butter mit dem Zucker und dem Safran schaumig rühren. Die Eier nach und nach unterrühren. Das Mehl mit dem Backpulver mischen. Abwechselnd die Mehlmischung und die Milch unter die Eimasse rühren.

7 Das Quittenpüree auf dem Marzipanboden verstreichen und den Rührteig vorsichtig darüber verteilen. Die Torte im Ofen 35–40 Minuten backen.

8 Die Torte aus dem Ofen nehmen. Das Quittengelee in einem Topf erwärmen und die Torte damit bestreichen. Die Mandeln darüberstreuen. Das Gelee trocknen lassen.

9 Die Quittentorte aus der Form lösen, in Stücke schneiden und mit dem beiseitegestellten Quittenpüree garniert servieren.

Blätterteigtarte
mit karamellisierten Quitten

1 Den Blätterteig auftauen lassen.

2 Die Quitten schälen, vierteln und das Kerngehäuse entfernen. Das Fruchtfleisch je nach Größe in kleinere Spalten schneiden. Die Quitten mit Zitronensaft beträufeln und durchmischen.

3 Für den Karamell die Orange heiß waschen und abtrocknen. Die Schale mit einem Zestenreißer abschaben oder mit einem kleinen Messer sehr dünn abschälen und in dünne Streifen schneiden. Die geschälte Orange anderweitig verwenden.

4 In einer beschichteten Pfanne die Butter zerlassen. Den Zucker unterrühren und leicht bräunen lassen. Die Orangenzesten und die Quittenspalten dazugeben und karamellisieren. Die Pfanne vom Herd nehmen und die Quitten kurz abkühlen lassen. Die Quitten fächerartig auf den Boden einer Tarteform legen.

5 Den Ofen auf 200 °C (Umluft) vorheizen.

6 Den Blätterteig etwas größer als die Form ausrollen und als Deckel auf die Quitten legen. Den überstehenden Teig an den inneren Rand der Form drücken. Die Tarte im Ofen etwa 25 Minuten goldbraun backen.

7 Die Tarte aus dem Ofen nehmen und etwa 10 Minuten abkühlen lassen. Den Rand der Tarte mit einem kleinen Messer lösen. Eine Kuchenplatte mit der Oberseite auf die Tarteform legen. Beides zusammen umdrehen und so die Tarte auf die Kuchenplatte stürzen.

8 Die Blätterteigtarte auf der Kuchenplatte servieren.

ZUTATEN FÜR 1 TARTEFORM
(26 CM DURCHMESSER)

Für die Tarte:

300 g TK-Blätterteig

800 g Quitten

Saft von ½ Zitrone

Für den Karamell:

1 unbehandelte Orange

60 g Butter

60 g Puderzucker

ZUBEREITUNGSZEIT: 30 MINUTEN
BACKZEIT: 25 MINUTEN
KÜHLZEIT: 10 MINUTEN

Beerig & Frisch

Erdbeer-Sahne-Torte

ZUTATEN FÜR 1 SPRINGFORM
(24 CM DURCHMESSER)

Für den Biskuit:

6 Eier

180 g Zucker

1 Prise Salz

180 g Mehl

½ TL abgeriebene Schale
von einer unbehandelten Zitrone

40 g Speisestärke

Für die Füllung und die Garnitur:

800 g frische, reife Erdbeeren

1 l Sahne (mindestens 30 % Fett)

100 g Puderzucker

4 Päckchen Sahnesteif

180 g Erdbeerkonfitüre

2 EL frisch gehackte Minze

ZUBEREITUNGSZEIT: 45 MINUTEN
BACKZEIT: 35 MINUTEN
KÜHLZEIT: 2 STUNDEN

1 Den Backofen auf 180 °C (Ober- und Unterhitze) vorheizen.

2 Für den Biskuit die Eier trennen. Die Eigelbe mit der Hälfte des Zuckers schaumig schlagen. Die Eiweiße mit dem Salz steif schlagen, dabei den restlichen Zucker einrieseln lassen und weiterschlagen, bis die Masse glänzt und Spitzen zieht. Den Eischnee auf die Eigelbmasse geben. Das Mehl mit der Zitronenschale und der Stärke mischen und auf den Eischnee geben. Alles nach und nach unter die Eigelbmasse ziehen.

3 Die Masse in eine mit Backpapier ausgelegte Springform füllen, glatt streichen und im Ofen etwa 35 Minuten backen (Stäbchenprobe machen, siehe Tipp Seite 12). Den Biskuit aus dem Ofen nehmen, kurz abkühlen lassen, aus der Form lösen und auf einem Kuchengitter vollständig erkalten lassen.

4 Für die Füllung die Erdbeeren putzen, waschen und davon 14 Stück für die Garnitur beiseitelegen. Die restlichen Erdbeeren in kleine Würfel schneiden.

5 Die Sahne mit dem Puderzucker und dem Sahnesteif schnittfest schlagen. Die Erbeerkonfitüre in einem kleinen Topf erwärmen.

6 Den Biskuitboden dreimal quer durchschneiden, um 4 Tortenböden zu erhalten. Um den unteren Boden einen Tortenring legen. Den Boden dünn mit Erdbeerkonfitüre bestreichen, mit einigen Erdbeerwürfeln belegen und 1 Fünftel der Sahne daraufstreichen. Einen mittleren Boden daraufsetzen und wiederum mit Erdbeerkonfitüre, Erdbeerwürfeln und Sahne bedecken. Mit dem 3. Boden ebenso verfahren, mit dem obersten Tortenboden abschließen.

7 Die Torte außen rundum mit Sahne bestreichen, etwas Sahne für die Garnitur übrig lassen. Diese restliche Sahne in einen Spritzbeutel mit Sterntülle füllen und 12 Rosetten, 1 pro Tortenstück, auf die Torte spritzen. Die Rosetten mit je 1 Erdbeere belegen.

8 Die restlichen beiden Erdbeeren in Scheiben schneiden und in der Mitte der Torte platzieren. Die Erdbeer-Sahne-Torte mit der frisch gehackten Minze bestreuen und vor dem Servieren etwa 2 Stunden in den Kühlschrank stellen.

Topfentorte
mit Erdbeeren

ZUTATEN FÜR 1 SPRINGFORM
(26 CM DURCHMESSER)

Für den Biskuit:

3 Eier

150 g Zucker

150 g Mehl

1 TL Backpulver

Butter und Mehl (für die Form)

Für die Creme:

8 Blatt weiße Gelatine

½ unbehandelte Zitrone

1 Eigelb

150 g Puderzucker

250 ml Milch

500 g Topfen (Magerquark)

200 ml Sahne
(mindestens 30 % Fett)

350 g Erdbeeren

1 Päckchen roter Tortenguss

80 g Mandelblättchen
(zum Garnieren)

ZUBEREITUNGSZEIT: 1 STUNDE
BACKZEIT: 40 MINUTEN
KÜHLZEIT: 1 STUNDE

1 Den Backofen auf 180 °C (Ober- und Unterhitze) vorheizen.

2 Die Eier trennen. Die Eiweiße mit 3 Esslöffeln kaltem Wasser steif schlagen. Den Zucker nach und nach einrieseln lassen. Das Mehl mit dem Backpulver mischen. Die Eigelbe kurz unter das Eiweiß rühren, dann die Mehlmischung darübersieben und unterheben.

3 Den Boden einer Springform mit Butter einfetten und mit Mehl bestreuen. Den Biskuit in die Form füllen, glatt streichen und im Ofen 30–40 Minuten backen (Stäbchenprobe machen, siehe Tipp Seite 12). Den Tortenboden aus der Form nehmen und auf einem Kuchengitter auskühlen lassen.

4 Für die Creme die Gelatine in kaltem Wasser einweichen. Die Zitrone heiß abwaschen, die Schale abreiben und den Saft auspressen. Das Eigelb mit dem Zucker und 50 ml Milch in einer Metallschüssel schaumig rühren. Die Zitronenschale und die restliche Milch dazugeben und alles auf einem heißen Wasserbad (siehe Tipp Seite 32) schaumig aufschlagen.

5 Die Gelatine ausdrücken und in der Eiermilch auflösen. Die Schüssel vom Wasserbad nehmen und die Eiermilch unter gelegentlichem Rühren abkühlen lassen.

6 Den Topfen mit dem Zitronensaft verrühren und unter die Eiermilch rühren. Die Topfencreme kühl stellen, bis sie beginnt, fest zu werden. Die Sahne steif schlagen und unter die leicht feste Topfencreme heben.

7 Um den Tortenboden einen Tortenring legen. Die Topfencreme auf dem Boden verstreichen und im Kühlschrank etwa 1 Stunde fest werden lassen. Die Erdbeeren putzen, waschen und in Scheiben schneiden.

8 Wenn die Topfencreme fest geworden ist, den Tortenguss nach Packungsangabe zubereiten. Die Erdbeeren auf der Torte verteilen und den Guss darübergießen. Die Torte wieder kühl stellen, bis der Guss fest geworden ist, dann den Tortenring entfernen.

9 Die Mandelblättchen in einer Pfanne ohne Fett goldbraun rösten. Die Mandelblättchen an den Rand der Torte drücken. Die Topfentorte auf einer Kuchenplatte servieren.

Käsesahnetorte
mit Erdbeeren

ZUTATEN FÜR 1 SPRINGFORM
(26 CM DURCHMESSER)

300 g Butterkekse

½ TL Zimt

180 g Butter, zerlassen

10 Blatt weiße Gelatine

500 g frische Erdbeeren

600 g Magerquark

120 g Zucker

3–4 EL Zitronensaft

350 ml Sahne (mindestens 30 % Fett)

gehackte Nusskerne (z. B. Walnüsse; zum Bestreuen)

Minzeblätter oder Erdbeerblätter (nach Belieben zum Garnieren)

ZUBEREITUNGSZEIT: 45 MINUTEN
KÜHLZEIT: 5 STUNDEN

1 Die Kekse in einen Gefrierbeutel füllen und mit einem Nudelholz fein zerbröseln. Anschließend die Brösel mit dem Zimt und der Butter vermengen. Die Keksmasse auf den Boden einer mit Backpapier ausgelegten Springform drücken und zum Festwerden etwa 1 Stunde in den Kühlschrank stellen.

2 Die Gelatine in kaltem Wasser einweichen. Die Erdbeeren putzen, waschen und abtropfen lassen.

3 Den Quark mit dem Zucker und dem Zitronensaft verrühren. Die Gelatine tropfnass in einen Topf geben und darin bei niedriger Hitze auflösen. Von der Quarkmasse 2 Esslöffel in die aufgelöste Gelatine rühren. Die Mischung in die Quarkmasse geben und alles glatt rühren. Die Sahne steif schlagen und unterheben.

4 Die Springform mit dem Keksboden aus dem Kühlschrank nehmen. Die Hälfte der Käsesahne auf den Keksboden geben. Einige Erdbeeren für die Garnitur beiseitelegen, die restlichen auf der Käsesahne verteilen. Die restliche Käsesahne gleichmäßig auf den Erdbeeren verstreichen und die Torte mindestens 4 Stunden zum Festwerden in den Kühlschrank stellen.

5 Für die Garnitur die restlichen Erdbeeren halbieren und auf der Käsesahnetorte verteilen. Die Käsesahnetorte mit den Nüssen bestreuen, nach Belieben mit Minze- oder Erdbeerblättern garnieren und servieren.

Erdbeerschichttorte

1 Den Backofen auf 180 °C (Ober- und Unterhitze) vorheizen. Den Boden einer Springform mit Butter einfetten.

2 Für den Biksuit die Eier trennen. Die Eigelbe mit der Hälfte des Zuckers und dem Vanillezucker schaumig rühren.

3 Die Eiweiße mit dem Salz zu Eischnee schlagen. Bevor die Eiweiße fest werden, den restlichen Zucker einrieseln lassen, dann weiterrühren, bis der Eischnee glänzt und Spitzen zieht. Den Eischnee mit einem Kochlöffel unter die Eigelbmasse heben. Das Mehl mit der Stärke und dem Kakaopulver über die Eimasse sieben und vorsichtig unter die Masse heben.

4 Die Masse in die Form geben, glatt streichen und im Ofen 30–35 Minuten backen (Stäbchenprobe machen, siehe Tipp Seite 12).

5 Den fertigen Tortenboden aus dem Ofen nehmen und leicht abkühlen lassen. Den Rand vorsichtig mit einem dünnen Messer von der Springform lösen. Den Biskuitboden auf ein Kuchengitter stürzen und mindestens 2 Stunden abkühlen lassen. Den Biskuit zweimal quer durchschneiden. Den untersten Boden auf eine Tortenplatte legen.

6 Für die Füllung die Erdbeeren putzen, waschen und trocken tupfen. Die Hälfte davon in kleine Stücke schneiden. Die Sahne mit dem Sahnesteif schnittfest schlagen. Den Quark mit dem Zucker glatt rühren. Die Sahne unterheben. 1 Drittel der Sahnecreme in eine separate Schüssel geben.

7 Die Schokoküsse von den Waffeln lösen. Die Schaummasse in das separate Drittel der Sahnecreme rühren. Die Waffeln werden nicht weiterverwendet.

8 Die klein geschnittenen Erdbeeren unter die restliche Quarkcreme mischen. Die Hälfte der Erdbeercreme auf den unteren Biskuitboden streichen, einen 2. Boden darauflegen und mit der übrigen Erdbeercreme bestreichen. Darauf den 3. Boden legen.

9 Die Erdbeerschichttorte mit der Schokokusscreme bestreichen, mit den übrigen Erdbeeren belegen und vor dem Servieren mindestens 1 Stunde kühlen.

ZUTATEN FÜR 1 SPRINGFORM
(26 CM DURCHMESSER)

Für den Biskuit:

Butter (für die Form) · 6 Eier · 180 g Zucker
1 Päckchen Vanillezucker · 1 Prise Salz
80 g Mehl · 60 g Speisestärke
40 g Kakaopulver

Für die Füllung und den Belag:

600 g kleine Erdbeeren
300 ml Sahne (mindestens 30 % Fett)
2 Päckchen Sahnesteif · 600 g Magerquark
150 g Zucker · 6 Schokoküsse

ZUBEREITUNGSZEIT: 45 MINUTEN
BACKZEIT: 35 MINUTEN
KÜHLZEIT: 3 STUNDEN

Himbeereistorte

ZUTATEN FÜR 1 SPRINGFORM (22 CM DURCHMESSER)

Für das Eis:

600 g Himbeeren

4 Eigelb

4 cl Orangenlikör

125 g Puderzucker

400 ml Sahne (mindestens 30 % Fett)

Für den Boden:

100 g dunkle Schokolade

40 g Mandelstifte

150 g Mandelkekse

Für die Garnitur:

200 ml Sahne (mindestens 30 % Fett)

1 Päckchen Vanillezucker

1 Päckchen Sahnesteif

Schokoladenspäne

ZUBEREITUNGSZEIT: 50 MINUTEN
GEFRIERZEIT: 12 STUNDEN

1 Für das Eis die Himbeeren verlesen und putzen. 1 Drittel der Himbeeren mit einem Pürierstab pürieren und durch ein Sieb streichen, um die Kerne zu entfernen. Die restlichen Beeren ganz lassen.

2 Die Eigelbe, den Orangenlikör und den Puderzucker in einer Metallschüssel auf einem heißen Wasserbad (siehe Tipp Seite 32) cremig aufschlagen. Die Schüssel vom Wasserbad nehmen und die Eigelbmasse unter Rühren abkühlen lassen.

3 Das Fruchtpüree auf die Eigelbmasse geben. Die Sahne steif schlagen und mit dem Püree unterheben. 1 Drittel der ganzen Himbeeren ebenfalls untermischen. Die Eismasse in eine mit Frischhaltefolie ausgekleidete Springform streichen und über Nacht im Gefrierfach fest werden lassen.

4 Für den Boden die Schokolade hacken und in einer Metallschüssel auf einem heißen Wasserbad schmelzen (siehe Tipp Seite 32). Die Mandelstifte in einer Pfanne ohne Fett rösten, bis sie duften. Die Mandeln herausnehmen und abkühlen lassen. Die Kekse in einen Gefrierbeutel füllen und mit einem Nudelholz zerkleinern. Die Keksbrösel mit den Mandeln und der Schokolade gut vermischen.

5 Das feste Eis aus dem Gefrierfach nehmen und die Schokoladenmischung auf das Eis streichen. Das Eis wieder für etwa 20 Minuten ins Gefrierfach stellen.

6 Für die Garnitur die Sahne mit dem Vanillezucker und dem Sahnesteif schnittfest schlagen. Die Eistorte aus der Form auf einen großen Teller stürzen. Die Frischhaltefolie entfernen und die Torte rundum mit der Sahne bestreichen. Die Himbeereistorte mit den restlichen Himbeeren und den Schokoladenspänen garnieren und sofort servieren.

Himbeercremetorte

ZUTATEN FÜR 1 SPRINGFORM
(26 CM DURCHMESSER)

Für den Biskuit:

3 Eier

75 g Zucker

1 Prise Salz

60 g Mehl

20 g Speisestärke

Für den Belag:

600 g frische Himbeeren

2 EL Zitronensaft

3 EL Puderzucker

10 Blatt weiße Gelatine

600 g Magerquark

4–5 EL flüssiger Honig

200 ml Sahne
(mindestens 30 % Fett)

Für den Tortenguss:

250 ml Himbeersaft

1 Päckchen roter Tortenguss
(für 250 ml Flüssigkeit)

Für die Garnitur:

150 ml Sahne
(mindestens 30 % Fett)

1 Päckchen Vanillezucker

ZUBEREITUNGSZEIT: 50 MINUTEN
BACKZEIT: 30 MINUTEN
KÜHLZEIT: 3 STUNDEN

1 Den Backofen auf 180 °C (Ober- und Unterhitze) vorheizen.

2 Für den Biskuit die Eier trennen. Die Eigelbe mit der Hälfte des Zuckers schaumig rühren. Die Eiweiße mit dem Salz steif schlagen und den restlichen Zucker nach und nach einrieseln lassen. Den Eischnee auf die Eigelbmasse geben. Das Mehl mit der Stärke mischen, über den Eischnee sieben und alles nach und nach unter die Eigelbmasse heben.

3 Die Masse in eine mit Backpapier ausgelegte Springform füllen, glatt streichen und im Ofen etwa 30 Minuten backen. Den Biskuit aus dem Ofen nehmen, aus der Form lösen und erkalten lassen.

4 Für den Belag die Himbeeren verlesen und putzen. Die Hälfte der Beeren mit dem Zitronensaft sowie dem Puderzucker pürieren und durch ein Sieb streichen, um die Kerne zu entfernen. Die Gelatine in kaltem Wasser einweichen.

5 Den Quark mit dem Honig und dem Himbeerpüree verrühren. Die Gelatine tropfnass in einem Topf bei niedriger Hitze auflösen. Von der Quarkmasse 2 Esslöffel mit der Gelatine verrühren und die Mischung wieder unter die restliche Quarkmasse rühren. Die Sahne steif schlagen und unter die Quarkcreme heben.

6 Den Biskuit auf eine Tortenplatte setzen und um den Boden einen Tortenring legen. Die Hälfte der Quarkcreme einfüllen. Einige Himbeeren nahe am Rand entlang kreisförmig auf die Creme legen. Die restliche Quarkcreme darauf verteilen. Die Torte 2 Stunden zum Festwerden in den Kühlschrank stellen.

7 Für den Guss den Saft mit dem Tortenguss verrühren, aufkochen und auf der Torte verteilen. Die Torte 1 weitere Stunde in den Kühlschrank stellen, bis der Guss fest geworden ist.

8 Die Sahne mit dem Vanillezucker steif schlagen und in einen Spritzbeutel mit kleiner Sterntülle füllen. Die Himbeercremetorte mit der Sahne garnieren, mit den übrigen Himbeeren belegen und in Stücke geschnitten servieren.

Brandteigtorte
mit Beerensahne

ZUTATEN FÜR 1 TORTE
(24 CM DURCHMESSER)

Für den Teig:

500 ml Milch · 100 g Butter · 1 Prise Salz

2 EL Zucker · 1 Päckchen Vanillezucker

230 g Mehl · 5 Eier

Für die Beerensahne:

400 g gemischte Beeren (z. B. Johannisbeeren, Himbeeren, Brombeeren) · 350 ml Sahne (mindestens 30 % Fett) · 250 g Mascarpone · 125 g Zucker · 2 EL Zitronensaft

60 g Baisergebäck (zum Garnieren)

2 EL Puderzucker (zum Bestauben)

ZUBEREITUNGSZEIT: 45 MINUTEN
BACKZEIT: 40–60 MINUTEN
KÜHLZEIT: 1 STUNDE

1 Für den Teig die Milch mit der Butter, dem Salz, dem Zucker und dem Vanillezucker in einem Topf erhitzen und einmal aufkochen lassen.

2 Das gesamte Mehl auf einmal dazugeben, bei niedriger Hitze rühren und den Teig auf diese Weise abbrennen, bis sich ein Teigkloß und ein weißer Film am Topfboden bildet. Den Teigkloß in eine Schüssel geben und abgedeckt etwas auskühlen lassen.

3 Ein Ei zum Teigkloß geben und gut unterrühren. Die restlichen Eier nach und nach kräftig unterschlagen, bis der Teig sehr geschmeidig ist. Falls der Teig zu fest ist, noch ein weiteres Ei unterschlagen.

4 Den Backofen auf 200 °C (Ober- und Unterhitze) vorheizen.

5 1 Drittel des Brandteigs in einen Spritzbeutel mit Sterntülle geben. Auf 1 Lage Backpapier einen Kreis mit 24 cm Durchmesser zeichnen und das Papier auf ein Backblech legen. Den Teig entlang der Kreislinie auftragen. Weitere Ringe im Inneren des Kreises auftragen, sodass eine Teigplatte entsteht. Aus dem restlichen Teig 2 weitere Teigplatten herstellen, dabei können 2 Platten gleichzeitig gebacken werden.

6 Die Teigplatten im Ofen jeweils 15–20 Minuten goldbraun backen. Die Platten aus dem Ofen herausnehmen und auf einem Kuchengitter auskühlen lassen.

7 Für die Beerensahne die Beeren verlesen, putzen, bei Bedarf waschen und trocken tupfen. Die Sahne steif schlagen. Den Mascarpone mit dem Zucker und dem Zitronensaft verrühren und nach und nach die Beeren und die Sahne unterheben.

8 Eine Brandteigplatte auf eine Tortenplatte legen und mit der Hälfte der Beerensahne bestreichen. Eine weitere Brandteigplatte darauflegen und mit der übrigen Sahne bestreichen. Mit der 3. Teigplatte abschließen. Das Baisergebäck zerbröseln und den Tortenrand damit verzieren.

9 Die Torte zum Festwerden mindestens 1 Stunde in den Kühlschrank stellen. Die Brandteigtorte mit Puderzucker bestauben und servieren.

Heidelbeereistorte

1 Für das Eis die Milch und die Sahne in einen Topf geben. Die Vanilleschote längs aufschneiden, das Vanillemark herauskratzen und mit der Vanilleschote in die Sahnemilch rühren. Alles aufkochen, anschließend etwas abkühlen lassen.

2 Die Eigelbe in einer Metallschüssel mit dem Zucker auf einem heißen Wasserbad (siehe Tipp Seite 32) cremig schlagen. Die Schüssel vom Wasserbad nehmen und die Sahnemilch langsam in die Eigelbcreme rühren. Die Mischung wieder in den Topf gießen, die Vanilleschote entfernen. Die Sahnemischung bei niedriger Hitze mit einem Holzspatel rühren, bis die Creme beginnt, dickflüssig zu werden, sie darf aber nicht kochen.

3 Die Sahnecreme auf Eiswasser abkühlen lassen und dabei gelegentlich umrühren. Die Creme in eine Eismaschine füllen und nach Gebrauchsanweisung fertigstellen. Wenn keine Eismaschine vorhanden ist, die Creme in eine flache Metallschale füllen und im Gefrierfach mindestens 4 Stunden gefrieren, dabei die Creme in der ersten Stunde immer wieder gut durchrühren, damit sich keine Eiskristalle bilden.

4 Für den Boden die Cornflakes in einen Gefrierbeutel füllen und mit einem Nudelholz zerbröseln. Die Kuvertüre in kleine Stücke hacken und in einer Metallschüssel auf einem heißen Wasserbad (siehe Tipp Seite 32) schmelzen. Die Kuvertüre mit den Cornflakes mischen. 2 Springformen mit Backpapier auslegen und jeweils die Hälfte der Cornflakesmischung auf den Böden verteilen. Die Böden zum Festwerden etwa 30 Minuten in den Kühlschrank stellen.

5 In der Zwischenzeit die Heidelbeeren verlesen, waschen und gut abtropfen lassen. Die Beeren mit dem Zucker mischen und etwa 1 Stunde ziehen lassen. Die Hälfte der Beeren pürieren und mit der Hälfte der übrigen ganzen Beeren mischen. Den Rest beiseite stellen. Das Püree locker unter das noch cremige Eis heben, sodass ein Marmormuster entsteht. Die Hälfte der Eiscreme auf 1 Cornflakesboden streichen. Den 2. Boden darauflegen und mit dem restlichen Eis bestreichen.

6 Die Eistorte etwa 2 Stunden ins Gefrierfach stellen. Vor dem Servieren die Torte 30 Minuten im Kühlschrank antauen lassen und die restlichen Heidelbeeren darauf verteilen.

ZUTATEN FÜR 1 SPRINGFORM (22 CM DURCHMESSER)

Für das Eis:

400 ml Vollmilch

200 ml Sahne (mindestens 30 % Fett)

1 Vanilleschote

6 Eigelb

180 g Zucker

500 g Heidelbeeren

100 g Zucker

Für die Böden:

150 g Cornflakes

200 g Vollmilchkuvertüre

ZUBEREITUNGSZEIT: 45 MINUTEN
GEFRIERZEIT: 6 STUNDEN
ZIEHZEIT: 1 STUNDE

Meringentorte
mit frischen Beeren

ZUTATEN FÜR 4 PERSONEN

Für die Meringen:

6 Eiweiß

260 g Puderzucker

1 TL Essig

1 TL Speisestärke

Für die Füllung und die Garnitur:

50 g Himbeerkonfitüre

250 ml Sahne (mindestens 30 % Fett)

1 Päckchen Sahnesteif

3 EL Puderzucker

400 g gemischte Beeren (z. B. Blaubeeren, Himbeeren)

ZUBEREITUNGSZEIT: 30 MINUTEN
BACKZEIT: 1 STUNDE
KÜHLZEIT: 30 MINUTEN

1 Den Backofen auf 150 °C (Umluft) vorheizen.

2 Ein Backblech mit Backpapier auslegen und 2 Kreise mit etwa 22 cm Durchmesser auf das Backpapier zeichnen. Bei Bedarf 2 Bleche mit Backpapier verwenden.

3 Die Eiweiße in einer großen Rührschüssel steif schlagen und den Puderzucker unter Rühren nach und nach einrieseln lassen. Den Essig mit der Speisestärke verrühren und zum Schluss unter den Eischnee mischen.

4 Den Eischnee auf die aufgezeichneten Kreise streichen und eine kleine Mulde in die Mitte drücken. Die Meringen etwa 1 Stunde lang backen, bis sie leicht Farbe angenommen haben. Den Ofen ausschalten und die Meringen etwa 30 Minuten im Ofen auskühlen lassen. Dann das Gebäck vorsichtig vom Backpapier abziehen und einen Meringenboden auf eine Servierplatte legen.

5 Für die Füllung die Himbeerkonfitüre durch ein Sieb streichen, um die Kerne zu entfernen. Die Sahne mit dem Sahnesteif und dem Puderzucker schnittfest schlagen. Die Konfitüre unterrühren und 3 Viertel der Sahne auf dem Meringenboden verteilen.

6 Die Beeren verlesen, waschen und bei Bedarf von den Rispen abzupfen oder halbieren. 3 Viertel der Beeren auf der Meringe mit der Sahne verteilen. Dann den 2. Meringenboden darauflegen.

7 Die Meringentorte mit der restlichen Sahne und den übrigen Beeren garnieren und sofort servieren.

TIPP

Damit die Meringen schön knusprig werden, lassen Sie die Backofentür während des Backens einen Spaltbreit offen. So kann die Feuchtigkeit aus dem Ofen entweichen.

Heidelbeertarte

ZUTATEN FÜR 1 TARTEFORM (26 CM DURCHMESSER)

Für den Mürbeteigboden:

180 g Mehl · 1 TL Backpulver · 180 g Zucker

1 Päckchen Vanillezucker · 1 Prise Salz · 3 Eier

180 g kalte Butter · Mehl (für die Arbeitsfläche)

Butter (für die Form) · getrocknete Hülsenfrüchte (zum Blindbacken)

Für den Belag:

800–1000 g Heidelbeeren

1 ½ Päckchen Vanillepuddingpulver (für 750 ml Flüssigkeit)

600 ml roter Traubensaft

6 EL Zucker

ZUBEREITUNGSZEIT: 30 MINUTEN
BACKZEIT: 20 MINUTEN
KÜHLZEIT: 1 STUNDE

1 Für den Teig das Mehl mit dem Backpulver, dem Zucker, dem Vanillezucker und dem Salz mischen, dann auf eine Arbeitsfläche häufen. In die Mitte eine Mulde drücken. Die Eier hineingeben und die Butter in Stücken auf dem Rand der Mulde verteilen.

2 Die Zutaten mit einem Messer gut durchhacken, sodass kleine Teigkrümel entstehen. Anschließend die Krümel rasch zu einem Teig verkneten. Den Teig zu einer Kugel formen, in Frischhaltefolie wickeln und 30 Minuten kühl stellen.

3 Den Backofen auf 180 °C (Ober- und Unterhitze) vorheizen.

4 Den Teig auf einer bemehlten Arbeitsfläche etwas größer als die Form ausrollen. Eine Tarteform mit Butter einfetten und mit dem Teig auslegen, dabei einen Rand formen. Den Boden mit einer Gabel mehrmals einstechen. Den Teig mit Backpapier bedecken, mit Hülsenfrüchten bestreuen und im Ofen etwa 20 Minuten blindbacken, bis der Teig leicht hellbraun wird.

5 Die Form aus dem Ofen nehmen, die Hülsenfrüchte und das Backpapier entfernen und den Mürbeteigboden erkalten lassen.

6 Für den Belag die Heidelbeeren waschen und abtropfen lassen. Das Puddingpulver mit etwas Traubensaft und dem Zucker anrühren. Den restlichen Saft erhitzen. Die Puddingmischung in den kochenden Saft rühren, einmal aufkochen lassen, dann die Heidelbeeren untermengen.

7 Die Heidelbeermischung auf den Mürbeteigboden geben, etwa 30 Minuten auskühlen lassen und die Heidelbeertarte servieren.

Blaubeertorte
mit Schokoladenmüsliboden

1 Das Müsli in einem Mixer grob zerkleinern. Die Butter in einem Topf zerlassen. Das Müsli mit der Butter mischen und in eine mit Backpapier ausgelegte Springform geben. Die Masse gleichmäßig verteilen, fest andrücken und zum Festwerden 1 Stunde in den Kühlschrank stellen.

2 Inzwischen für die Quarkmasse die Gelatine in kaltem Wasser einweichen. Die Blaubeeren verlesen, waschen und gut abtropfen lassen. 3 Viertel der Beeren pürieren und durch ein Sieb streichen, um die Kerne und die Haut zu entfernen.

3 Den Quark mit dem Honig und dem Blaubeerpüree verrühren. Die Gelatine tropfnass in einem Topf bei niedriger Hitze auflösen und mit 2 Esslöffeln Blaubeercreme verrühren. Die Gelatinemischung in die restliche Blaubeercreme rühren. Die Sahne steif schlagen und unterheben.

4 Den Müsliboden aus dem Kühlschrank nehmen und die Blaubeercreme darauf verstreichen. Die Torte wieder 2 Stunden in den Kühlschrank stellen.

5 Für den Belag 3 Esslöffel Rotwein mit dem Puddingpulver verrühren. Den Blaubeersaft mit dem restlichen Rotwein und dem Zucker in einem Topf zum Kochen bringen. Die Puddingmischung einrühren, alles aufkochen lassen, dann den Topf vom Herd ziehen. Die restlichen Beeren unter den Pudding mischen und etwas abkühlen lassen.

6 Den Blaubeer-Pudding-Guss auf der Torte verteilen und etwa 1 Stunde abkühlen und fest werden lassen. Die Blaubeertorte aus der Form lösen und servieren.

ZUTATEN FÜR 1 SPRINGFORM
(26 CM DURCHMESSER)

Für den Boden:

150 g Schokoladenmüsli · 100 g Butter

Für die Quarkmasse:

7 Blatt weiße Gelatine · 700 g Blaubeeren

400 g Magerquark · 3 EL flüssiger Honig

150 ml Sahne (mindestens 30 % Fett)

Für den Belag:

100 ml trockener Rotwein

½ Päckchen Vanillepuddingpulver
(für 250 ml Flüssigkeit)

120 ml Blaubeersaft · 2 EL Zucker

ZUBEREITUNGSZEIT: 15 MINUTEN
KÜHLZEIT: 4 STUNDEN

Espresso-Sahne-Torte
mit Brombeeren

ZUTATEN FÜR 1 SPRINGFORM
(26 CM DURCHMESSER)

Für den Biskuit:

2 TL Instant-Espressopulver
1 TL Kakaopulver
4 Eier
1 Prise Salz
150 g Zucker
60 g Mehl
60 g Speisestärke
½ TL Backpulver
Butter und Mehl (für die Form)

Für die Füllung:

500 g Brombeeren
500 ml Sahne (mindestens 30 % Fett)
3 Päckchen Sahnesteif
75 g Puderzucker
Schoko-Mokkabohnen (zum Garnieren)
Puderzucker (zum Bestauben)

ZUBEREITUNGSZEIT: 45 MINUTEN
BACKZEIT: 25 MINUTEN

1 Den Backofen auf 180 °C (Ober- und Unterhitze) vorheizen.

2 Für den Biskuit das Espresso- und das Kakaopulver in 2 Esslöffeln kaltem Wasser auflösen. Die Eier trennen. Die Eiweiße mit dem Salz steif schlagen. Die Eigelbe mit dem Zucker hell und cremig schlagen.

3 Die Hälfte des Espressokakaos in die Eigelbmasse rühren. Das Mehl, die Stärke und das Backpulver mischen, über die Eigelbmasse sieben und unterheben. Den Eischnee nach und nach untermischen.

4 Eine Springform mit Butter einfetten und mit Mehl bestreuen. Die Masse in die Form streichen und im Backofen etwa 25 Minuten backen. Den Biskuit aus der Form lösen und auf einem Kuchengitter vollständig auskühlen lassen. Den Boden einmal quer durchschneiden.

5 Für die Füllung die Brombeeren verlesen, waschen und gut abtropfen lassen. Einige schöne Beeren zum Garnieren beiseitelegen. Die Sahne mit dem Sahnesteif und dem Puderzucker schnittfest schlagen. 1 Drittel der Sahne abnehmen und mit dem restlichen Espressokakao mischen.

6 Die Hälfte der Espressosahne auf den unteren Tortenboden streichen, dann mit der Hälfte der nicht aromatisierten Sahne bedecken. Die Brombeeren über der Sahne verteilen und den zweiten Boden daraufsetzen. Die übrige Espressosahne, dann die restliche Sahne auf der Torte verteilen.

7 Die Espresso-Sahne-Torte mit den restlichen Brombeeren sowie einigen Schoko-Mokkabohnen garnieren und mit Puderzucker bestaubt servieren.

TIPP

Um den fertig gebackenen Biskuit einfach aus der Form zu bekommen, lösen Sie zuerst den Kuchenrand mit einem Messer vom Springformrand ab. Dann legen Sie den Kuchen einfach mit dem Springformboden nach oben auf ein Kuchengitter. Klebt der Biskuit noch am Formboden, lösen Sie ihn mit dem Messer vorsichtig ab.

Brombeer-Torte
mit Frischkäse

ZUTATEN FÜR 1 TORTENRING
(20 CM DURCHMESSER)

Für den Keksboden:

150 g Butterkekse

50 g gehackte Mandeln

100 g Butter, zerlassen

Für die Creme:

4 Blatt weiße Gelatine

200 g Brombeeren

100 g Puderzucker

2 EL Zitronensaft

4 EL Birnendicksaft

2 cl Birnenschnaps

250 g Frischkäse

250 g Magerquark

1 Msp. abgeriebene Schale einer unbehandelten Zitrone

100 g Zucker

2 EL Vanillezucker

100 ml Sahne (mindestens 30 % Fett)

Für die Garnitur:

1 Birne

1 EL Zucker

2 EL Zitronensaft

1 Handvoll Brombeeren

ZUBEREITUNGSZEIT: 50 MINUTEN
KÜHLZEIT: 4 STUNDEN

1 Die Kekse in einen Gefrierbeutel füllen und mit einem Nudelholz fein zerbröseln. Die Brösel mit den Mandeln mischen und mit der Butter verrühren. Einen Tortenring um eine Kuchenplatte legen und die Keksmischung darauf verteilen, andrücken und zum Festwerden 1 Stunde in den Kühlschrank stellen.

2 Für die Creme die Gelatine in kaltem Wasser einweichen. Die Beeren verlesen, waschen und mit dem Puderzucker und dem Zitronensaft fein pürieren. Den Dicksaft mit dem Schnaps leicht erwärmen. Die Gelatine gut ausdrücken und in dem Dicksaft auflösen.

3 Den Frischkäse mit dem Quark, der Zitronenschale, dem Zucker, dem Vanillezucker und dem Brombeerpüree glatt rühren. Von der Brombeercreme 2 Esslöffel mit dem Gelatinedicksaft mischen. Die Gelatinemischung wieder in die Brombeercreme rühren. Die Sahne steif schlagen und unter die Brombeercreme ziehen.

4 Den Keksboden aus dem Kühlschrank nehmen. Die Brombeercreme auf dem Boden verteilen und glatt streichen. Die Torte mindestens 3 Stunden kalt stellen.

5 Für die Garnitur die Birne waschen, halbieren, das Kerngehäuse entfernen und die Hälften in dünne Spalten schneiden. Etwas Wasser mit dem Zucker und dem Zitronensaft aufkochen. Die Birnenspalten hineinlegen und kurz darin ziehen lassen. Die Birnen abgießen, gut abtropfen und auskühlen lassen.

6 Die Brombeeren verlesen, putzen und waschen. Die Brombeer-Frischkäse-Torte aus der Form lösen und mit den Birnenspalten und den Brombeeren garniert servieren.

Brombeertarte
mit Baiser

ZUTATEN FÜR 1 TARTEFORM
(24 CM DURCHMESSER)

Für den Keksboden:

250 g Vollkornkekse

150 g weiche Butter

30 ml Ahornsirup

Für die Füllung:

400 g Brombeeren

75 g Puderzucker

3 Eigelb

25 g Mehl

Für das Baiser:

2 Eiweiß

100 g Puderzucker

ZUBEREITUNGSZEIT: 40 MINUTEN
KÜHLZEIT: 1 STUNDE
BACKZEIT: 20 MINUTEN

1 Den Backofen auf 180 °C (Ober- und Unterhitze) vorheizen.

2 Für den Keksboden die Kekse in einen Gefrierbeutel füllen und mit dem Nudelholz zerbröseln. Die Brösel mit der weichen Butter und dem Sirup vermengen und in eine Tarteform drücken, dabei einen Rand formen. Den Keksboden zum Festwerden 1 Stunde in den Kühlschrank stellen.

3 Für die Füllung die Brombeeren putzen und waschen. 1 Drittel der Beeren beiseitelegen. Den Rest mit wenig Wasser weich dünsten und durch ein Sieb streichen, um die Kerne zu entfernen.

4 Den Puderzucker mit den Eigelben in einem Topf cremig schlagen. Das Mehl und das Brombeerpüree untermischen. Die Brombeercreme bei niedriger Hitze unter ständigem Rühren langsam erhitzen, bis sie eindickt. Die Creme aber nicht kochen lassen, sonst gerinnt das Eigelb. Den Keksboden aus dem Kühlschrank nehmen und die Brombeercreme auf den Boden streichen.

5 Für das Baiser die Eiweiße mit dem Puderzucker sehr steif schlagen, auf der Brombeercreme verteilen und die Tarte im Backofen 15–20 Minuten backen, bis die Spitzen braun werden.

6 Die Brombeertarte aus dem Ofen nehmen, in der Form auskühlen lassen und mit den restlichen Brombeeren garniert servieren.

Sanddorn-Frischkäse-Torte

ZUTATEN FÜR 1 SPRINGFORM
(26 CM DURCHMESSER)

Für den Mürbeteigboden:

150 g Mehl · 2 EL Kakaopulver
75 g Zucker · 100 g gemahlene Mandeln
1 Prise Salz · 1 Ei · 160 g kalte Butter
Butter (für die Form) · Mehl (für die Arbeitsfläche)

Für das Fruchtpüree:

400 g Sanddorn · 100 g Zucker · 1 EL Zitronensaft

Für die Creme:

1 kg Frischkäse · 180 g Zucker
2 EL Zitronensaft · 2 EL Speisestärke
4 Eier, getrennt · 1 Prise Salz

ZUBEREITUNGSZEIT: 40 MINUTEN
KÜHLZEIT: 30 MINUTEN
GAR- UND BACKZEIT: 1 STUNDE 20 MINUTEN

1 Für den Teig das Mehl mit dem Kakao, dem Zucker, den Mandeln und dem Salz mischen und auf eine Arbeitsfläche häufen. In die Mitte eine Mulde drücken. Das Ei hineingeben und die Butter in Flöckchen um die Mulde herum verteilen. Alles mit einem Messer gut durchhacken, bis sich Teigkrümel bilden. Die Krümel rasch zu einem glatten Teig verkneten. Den Teig zu einer Kugel formen und in Frischhaltefolie gewickelt 30 Minuten in den Kühlschrank stellen.

2 Den Backofen auf 180 °C (Ober- und Unterhitze) vorheizen.

3 Für das Fruchtpüree den Sanddorn verlesen, waschen und mit dem Zucker, dem Zitronensaft und etwa 100 ml Wasser in einem Topf zum Kochen bringen. Den Sanddorn bei mittlerer Hitze etwa 25 Minuten köcheln lassen, bei Bedarf noch etwas Wasser nachgießen. Anschließend 6 Esslöffel von dem Sanddorn abnehmen und für die Garnitur beiseitelegen. Den restlichen Sanddorn weiterköcheln lassen, bis die Beeren platzen. Die Beeren durch ein feines Sieb streichen und das Fruchtpüree auskühlen lassen.

4 Für die Creme den Frischkäse mit dem Zucker, dem Zitronensaft, der Stärke und den Eigelben verrühren. Die Eiweiße mit dem Salz steif schlagen und unterheben.

5 Eine Springform mit Butter einfetten. Den Mürbeteig auf einer bemehlten Arbeitsfläche etwas größer als die Form ausrollen und die Form damit auskleiden, dabei einen etwa 2 cm hohen Rand hochziehen.

6 Die Hälfte der Frischkäsemasse auf dem Teigboden verstreichen. Die Hälfte des Sanddornpürees daraufgeben und mit einer Gabel leicht mit dem Frischkäse mischen, sodass eine Marmorierung entsteht. Die restliche Frischkäsemasse darübergeben und glatt streichen. Das übrige Fruchtpüree in Streifen darauf verteilen und mit einer Gabel marmorieren.

7 Die Torte im Ofen etwa 50 Minuten backen, nach etwa 20 Minuten mit Backpapier abdecken, damit sie nicht zu braun wird. Die Torte aus dem Ofen nehmen, auskühlen lassen, dann aus der Form lösen. Die Sanddorn-Frischkäse-Torte mit dem übrigen Sanddorn garniert servieren.

Stachelbeerkuchen

mit Baiserhaube

1 Den Backofen auf 190 °C (Ober- und Unterhitze) vorheizen.

2 Für den Teig die Zitrone heiß waschen, abtrocknen und die Schale abreiben. Den Saft auspressen. Das Mehl mit der Stärke und dem Backpulver mischen. Die Butter in Stücke schneiden und in einem kleinen Topf zerlassen. Den Topf vom Herd nehmen und die Butter abkühlen lassen.

3 Die Eier in einer Rührschüssel mit dem Zucker schaumig rühren. Den Zitronensaft und die -schale unterrühren. Dann abwechselnd die zerlassene Butter und die Mehlmischung unter die Eiercreme rühren, bis ein geschmeidiger Teig entstanden ist.

4 Eine Springform mit Butter einfetten und mit den Bröseln bestreuen. Den Teig in die Form füllen und glatt streichen. Den Teigboden im Ofen etwa 45 Minuten goldbraun backen (Stäbchenprobe machen, siehe Tipp Seite 12).

5 Inzwischen für den Belag die Stachelbeeren putzen, waschen und trocken tupfen. Das Puddingpulver und die Stärke mit dem Zucker mischen. Alles mit 3–4 Esslöffeln Milch glatt rühren.

6 Die restliche Milch mit dem Wein zum Kochen bringen. Die Puddingmischung in die Milch rühren, alles aufkochen, dann etwas abkühlen lassen. Den Schmand und die Eigelbe zügig einrühren, dann die Stachelbeeren untermischen.

7 Den Kuchenboden aus dem Ofen nehmen und die Stachelbeermischung darauf verteilen. Den Kuchen im Ofen in etwa 30 Minuten fertig backen.

8 Für das Baiser die Eiweiße mit Zitronensaft steif schlagen und den Zucker einrieseln lassen. Den Eischnee weiterschlagen, bis er glänzt und Spitzen zieht. Den Kuchen aus dem Ofen nehmen, die Baisermasse locker über dem Kuchen verteilen. Alles etwa 10–15 Minuten backen, bis die Spitzen des Baisers leicht braun werden.

9 Den Stachelbeerkuchen aus dem Ofen nehmen, mindestens 1 Stunde auskühlen lassen, dann erst aus der Form lösen und servieren.

ZUTATEN FÜR 1 SPRINGFORM (26 CM DURCHMESSER)

Für den Rührteigboden:

1 unbehandelte Zitrone · 150 g Mehl · 150 g Speisestärke · 1 TL Backpulver · 250 g Butter · 5 Eier · 225 g Zucker · Butter und Semmelbrösel (für die Form)

Für den Belag:

500 g Stachelbeeren · 1 Päckchen Vanillepuddingpulver (für 500 ml Flüssigkeit) · 1 EL Speisestärke · 4–6 EL Zucker · 200 ml Milch · 200 ml Weißwein · 200 g Schmand · 2 Eigelb

Für das Baiser:

2 Eiweiß · 1 TL Zitronensaft · 100 g Zucker

ZUBEREITUNGSZEIT: 1 STUNDE 30 MINUTEN
BACKZEIT: 1 STUNDE 30 MINUTEN
KÜHLZEIT: 1 STUNDE

Johannisbeer-Baiser-Torte

mit Mascarponecreme

ZUTATEN FÜR 1 SPRINGFORM
(26 CM DURCHMESSER)

Für die Tortenböden:

100 g weiche Butter

80 g Zucker

1 Päckchen Vanillezucker

1 Ei

2 Eigelb

250 g Mehl

1 TL Backpulver

2–3 EL Milch

Butter und Mehl (für die Form)

Für das Baiser:

3 Eiweiß

1 TL Zitronensaft

150 g Puderzucker

4 EL Mandelblättchen

Für die Creme:

5 Blatt weiße Gelatine

250 g rote Johannisbeeren

abgeriebene Schale und Saft von
1 unbehandelten Limette

300 g Mascarpone

150 g Joghurt

50 g Puderzucker

100 ml Sahne
(mindestens 30 % Fett)

ZUBEREITUNGSZEIT: 1 STUNDE
BACKZEIT: 50 MINUTEN
KÜHLZEIT: 2 STUNDEN

1 Den Backofen auf 180 °C (Ober- und Unterhitze) vorheizen.

2 Für den Teig die Butter mit dem Zucker und dem Vanillezucker schaumig rühren. Das Ei und die Eigelbe unterschlagen. Das Mehl mit dem Backpulver mischen. Die Hälfte davon abwechselnd mit der Milch unter die Eimasse rühren, dann das restliche Mehl unterkneten.

3 Eine Springform mit Butter einfetten und mit Mehl bestreuen. Die Hälfte des Teigs in die Form geben, glatt streichen und im Ofen 15 Minuten vorbacken.

4 In der Zwischenzeit für das Baiser die Eiweiße mit dem Zitronensaft steif schlagen, nach und nach den Puderzucker einrieseln lassen. Die Hälfte der Baisermasse auf dem vorgebackenen Tortenboden verteilen, den Rest kühl stellen. Die Hälfte der Mandelblättchen über den Baisertortenboden streuen und alles 10 Minuten im Ofen (unterste Schiene) backen, bis das Baiser leicht braun wird. Den Baiserboden aus dem Ofen nehmen, mit einem Tortenheber vom Blech lösen und auf einem Gitter auskühlen lassen.

5 Die heiße Form wieder einfetten und mit Mehl ausstreuen. Mit dem restlichen Teig, der übrigen Baisermasse und den restlichen Mandeln auf die gleiche Weise einen 2. Baisertortenboden backen. Den Baiserboden nach dem Backen auskühlen lassen.

6 Für die Creme die Gelatine in kaltem Wasser einweichen. Die Johannisbeeren von den Rispen lösen, verlesen, waschen und abtropfen lassen. Einige Beeren für die Garnitur beiseitestellen.

7 Die Limettenschale und den Saft mit dem Mascarpone, dem Joghurt und dem Puderzucker verrühren. Die Gelatine tropfnass in einem kleinen Topf bei niedriger Hitze erwärmen und unter Rühren auflösen. Anschließend 3 Esslöffel der Mascarponecreme unter die Gelatine rühren, dann die Gelatine zügig unter die Creme rühren. Die Mascarponecreme kalt stellen, bis sie beginnt, fest zu werden.

8 Die Sahne steif schlagen und mit den Johannisbeeren unter die halbfeste Mascarponecreme heben. Um einen Tortenboden einen Tortenring legen. Den Tortenboden mit der Creme bestreichen und den 2. Boden daraufsetzen.

9 Die Johannisbeer-Baiser-Torte 2 Stunden in den Kühlschrank stellen und mit den übrigen Johannisbeeren garniert servieren.

Johannisbeer-Quark-Torte

ZUTATEN FÜR 1 SPRINGFORM (24 CM DURCHMESSER)

Für den Boden:

200 g Löffelbiskuits

2 EL Johannisbeeren

100 g Butter

Für den Belag:

12 Blatt weiße Gelatine

150 g Johannisbeeren

500 g Magerquark

200 g Sauerrahm

etwa 70 g Zucker

300 ml Sahne (mindestens 30 % Fett)

Johannisbeerrispen (zum Garnieren)

ZUBEREITUNGSZEIT: 30 MINUTEN
KÜHLZEIT: 4 STUNDEN

1 Für den Boden die Löffelbiskuits zerbröseln. Die Johannisbeeren von den Rispen zupfen, verlesen und waschen. Die Brösel mit den Beeren vermischen.

2 Die Butter in einem kleinen Topf zerlassen und unter die Bröselmasse rühren, sodass ein krümeliger Teig entsteht. Den Teig auf den Boden einer mit Backpapier ausgelegten Springform drücken und zum Festwerden 1 Stunde in den Kühlschrank stellen.

3 Für den Belag die Gelatine in reichlich kaltem Wasser einweichen. Die Johannisbeeren von den Rispen zupfen, verlesen und waschen. 2 Drittel der Beeren mit 3 Esslöffeln Wasser in einem Topf erhitzen, bis sie aufplatzen. Die Beeren anschließend durch ein Sieb passieren, um die Kerne und die Haut zu entfernen. Das Johannisbeerpüree auskühlen lassen.

4 Den Magerquark mit dem Sauerrahm und dem Zucker in einer Schüssel verrühren. Die Gelatine tropfnass in einem kleinen Topf bei niedriger Hitze erwärmen und unter Rühren auflösen. Anschließend die Gelatine mit 3 Esslöffeln der Quarkmasse mischen. Die Gelatinemischung zusammen mit dem Johannisbeerpüree und den restlichen Beeren unter die Quarkmasse mischen. Die Johannisbeer-Quark-Creme in den Kühlschrank stellen, bis sie beginnt, fest zu werden.

5 Die Sahne steif schlagen und unter die halbfeste Quarkcreme heben. Den Löffelbiskuitboden aus dem Kühlschrank nehmen, die Quarkcreme gleichmäßig darauf streichen und mindestens 3 Stunden zum Festwerden in den Kühlschrank stellen.

6 Die Johannisbeer-Quark-Torte aus dem Kühlschrank nehmen und mit den Johannisbeerrispen garniert servieren.

Brandteigtorte
mit Beerenfüllung

1 Den Backofen auf 220 °C (Ober- und Unterhitze) vorheizen.

2 Die Butter mit 350 ml Wasser, dem Salz und dem Zucker in einem Topf aufkochen. Das gesamte Mehl auf einmal dazugeben, bei niedriger Hitze rühren und den Teig auf diese Weise abbrennen, bis sich ein Teigkloß und ein weißer Film am Topfboden bildet. Den Kloß in eine Schüssel geben und abgedeckt etwas auskühlen lassen.

3 1 Ei mit einem Holzlöffel unter den Brandteig rühren. Die restlichen Eier nach und nach kräftig unterschlagen, bis der Teig geschmeidig ist. Den Teig in einen Spritzbeutel mit gezackter Bandtülle oder Sterntülle füllen.

4 Auf 2 Lagen Backpapier jeweils einen Kreis mit 24 cm Durchmesser zeichnen und das Papier auf je 1 Backblech legen. Den Teig entlang der Kreislinie auftragen. Weitere Ringe im Inneren des Kreises auftragen, sodass eine Teigplatte entsteht. Den 2. Kreis genauso mit Teig füllen. Beide Teigplatten je nach Ofengröße zusammen oder nacheinander im Ofen jeweils etwa 20 Minuten goldbraun backen und herausnehmen. 1 Platte in 12 Stücke schneiden, die andere als Tortenboden ganz lassen.

5 Für die Füllung die Beeren verlesen, waschen und trocken tupfen. Die Beeren mit 50 g Joghurt sowie dem Likör pürieren und durch ein Sieb streichen, um die Kerne zu entfernen.

6 Die Gelatine in kaltem Wasser einweichen. Den Quark mit dem restlichen Joghurt, dem Zucker, dem Beerenpüree und dem Zitronensaft glatt rühren. Die Sahne steif schlagen. Die Gelatine tropfnass in einem kleinen Topf bei niedriger Hitze erwärmen und auflösen, anschließend mit 3 Esslöffeln der Quarkcreme verrühren. Alles mit der Sahne unter die Quarkcreme ziehen. Um den ganzen Brandteigboden einen Tortenring legen. Die Beerencreme auf dem Boden glatt streichen und die Torte 3 Stunden kalt stellen.

7 Den Tortenring entfernen und die Torte auf eine Kuchenplatte stellen. Für den Belag die Sahne steif schlagen und locker auf der Torte verteilen. Dann die Brandteigstücke auf die Sahne legen. Die Beeren verlesen, waschen, trocken tupfen, mit Puderzucker vermengen und in die Mitte der Torte legen. Die Brandteigtorte mit Minze garniert servieren.

ZUTATEN FÜR 1 TORTE
(24 CM DURCHMESSER)

Für den Brandteig:

75 g Butter · 1 Prise Salz · 1 EL Zucker ·
225 g Mehl · 6 Eier

Für die Füllung:

500 g gemischte Beeren (z. B. Johannisbeeren, Heidelbeeren, Himbeeren und Brombeeren) · 200 g Joghurt · 6 cl Beerenlikör · 10 Blatt weiße Gelatine · 250 g Magerquark · 80 g Zucker · Saft von ½ Zitrone · 300 ml Sahne (mindestens 30 % Fett)

Für den Belag:

200 ml Sahne (mindestens 30 % Fett) ·
200 g gemischte Beeren · 1 EL Puderzucker

Minzeblättchen (zum Garnieren)

ZUBEREITUNGSZEIT: 1 STUNDE
BACKZEIT PRO TEIGPLATTE: 20 MINUTEN
KÜHLZEIT: 3 STUNDEN

Linzer Torte
mit Moosbeeren

ZUTATEN FÜR 1 SPRINGFORM (26 CM DURCHMESSER)

Für den Teig:

125 g weiche Butter
150 g Zuckerrübensirup
1 Ei
1 TL Kakaopulver
1 TL Zimt
1 Msp. gemahlene Nelken
2 EL Kirschwasser
250 g Mehl
125 g gemahlene Haselnüsse

Für die Füllung:

350 g Moosbeeren
5 EL Honig
½ TL Zimt
Butter (für die Form)
2 EL Milch (zum Bestreichen)

ZUBEREITUNGSZEIT: 40 MINUTEN
KÜHLZEIT: 1 STUNDE
BACKZEIT: 50 MINUTEN

1 Die Butter mit dem Zuckerrübensirup schaumig rühren. Das Ei, den Kakao, den Zimt, die Nelken und das Kirschwasser unterrühren. Das Mehl und die Nüsse mischen und auf die Buttermischung geben. Alles zu einem homogenen Teig verkneten. Den Teig zu einer Kugel formen und zugedeckt für 1 Stunde in den Kühlschrank stellen.

2 Den Backofen auf 180 °C (Ober- und Unterhitze) vorheizen.

3 Die Moosbeeren waschen, trocken tupfen und pürieren oder mit einer Gabel zerdrücken. Den Honig und den Zimt unterrühren.

4 Eine Springform mit Butter einfetten. 2 Drittel des Teigs etwas größer als die Form ausrollen und die Form damit auslegen, dabei einen etwa 2 cm hohen Rand hochziehen. Den Teigboden gleichmäßig mit dem Moosbeerenpüree bedecken.

5 Den restlichen Teig dünn und rund ausrollen, dann mit einem Teigschneider in 1 cm breite Streifen schneiden. Die Streifen gitterförmig über das Püree legen und mit der Milch bestreichen.

6 Die Torte im Backofen 45–50 Minuten backen, aus dem Ofen nehmen und auskühlen lassen.

TIPP

Bevor Sie die Linzer Torte servieren, sollten Sie sie 2 Tage lang an einem kühlen Ort durchziehen lassen. So entfalten die Moosbeeren ihr volles Aroma. Ein weiterer Vorteil: Sie können die Torte gut im Voraus zubereiten, wenn Sie Gäste erwarten.

Preiselbeer-Sahne-Torte

ZUTATEN FÜR 1 SPRINGFORM
(26 CM DURCHMESSER)

Für den Biskuit:

90 g Butter · 6 Eier

175 g Zucker · 150 g Mehl

Butter und Mehl (für die Form)

Für die Füllung und die Garnitur:

750 ml Sahne (mindestens 30 % Fett)

3 EL Zucker

3 Blatt weiße Gelatine

200 g Preiselbeeren (aus dem Glas)

Schokoladenstreusel

Preiselbeeren (aus dem Glas)

ZUBEREITUNGSZEIT: 50 MINUTEN
BACKZEIT: 35 MINUTEN
KÜHLZEIT: 2 STUNDEN

1 Den Backofen auf 180 °C (Ober- und Unterhitze) vorheizen.

2 Für den Biskuit die Butter zerlassen. Die Eier trennen. Die Eiweiße steif schlagen und die Eigelbe mit dem Zucker cremig rühren. Das Mehl auf die Eigelbcreme sieben und die lauwarme Butter dazugießen. 1 Drittel des Eischnees zur Eigelbmasse geben und alles vorsichtig unterziehen. Anschließend den restlichen Eischnee auf die Masse geben und unterheben.

3 Den Boden einer Springform mit Butter einfetten und mit Mehl bestreuen. Die Biskuitmasse in die Form füllen, glatt streichen und im Ofen etwa 35 Minuten backen (Stäbchenprobe machen, siehe Tipp Seite 12). Den Biskuit aus dem Ofen nehmen, den Rand mit einem Messer lösen, den Boden auf ein Gitter stürzen und etwa 2 Stunden auskühlen lassen. Den Biskuit quer durchschneiden.

4 Für die Füllung die Sahne steif schlagen und den Zucker dabei einrieseln lassen. Die Gelatine einweichen, anschließend tropfnass in einem kleinen Topf bei niedriger Hitze auflösen. Die Gelatine mit 2 Esslöffeln Sahne mischen und alles unter die restliche Sahne rühren.

5 Die Hälfte der Sahne mit den Preiselbeeren mischen und den unteren Biskuitboden damit bestreichen. Den oberen Boden daraufsetzen und die Torte mit 3 Vierteln der restlichen Sahne bestreichen.

6 Die übrige Sahne in einen Spritzbeutel mit Lochtülle füllen und die Torte mit großen Sahnetupfen verzieren. Die Preiselbeer-Sahne-Torte mit Schokostreuseln und Preiselbeeren garnieren und bis zum Servieren kalt stellen.

Eistorte

mit Johannisbeeren

1 Für das Eis die Johannisbeeren verlesen, waschen und mit der Hälfte des Zuckers und der Milch pürieren. Die Masse durch ein Sieb streichen, um die Kerne zu entfernen.

2 Die Sahne steif schlagen. Die Eigelbe mit dem restlichen Zucker in einer Metallschüssel auf einem heißen Wasserbad (siehe Tipp Seite 32) hell und schaumig aufschlagen. Die Schüssel vom Wasserbad nehmen und die Eigelbmasse nochmals auf Eiswasser schlagen. Die Sahne unter die Eigelbmasse heben.

3 Die Eiercreme unter das Johannisbeerpüree mischen. Die Creme in eine Eismaschine füllen und nach Gebrauchsanweisung fertigstellen. Ist keine Eismaschine vorhanden, die Creme in eine Metallschale füllen und 3 Stunden ins Gefrierfach stellen. Die Eiscreme in den ersten 2 Stunden alle 20–30 Minuten durchrühren, damit keine Kristalle entstehen.

4 Den Backofen auf 80 °C (Umluft) vorheizen.

5 Für die Baisermasse die Eiweiße leicht aufschlagen, den Zucker nach und nach einrieseln lassen. Dann die Eiweiße fest und glänzend schlagen, dabei den Puderzucker und die Stärke unter den Eischnee ziehen.

6 Unter 1 Hälfte der Baisermasse die Pekannüsse heben. Die Pekannuss-Baisermasse in einer mit Backpapier ausgelegten Springform gleichmäßig verteilen. Die andere Hälfte der Baisermasse 0,5–1 cm hoch auf ein mit Backpapier ausgelegtes Backblech streichen. Beide Baisermassen im Ofen etwa 1 Stunde 30 Minuten trocknen lassen. Falls das Baiser noch nicht ganz fest ist, die Backzeit um 15–20 Minuten verlängern, dabei die Temperatur gegebenenfalls reduzieren, damit das Baiser nicht zu dunkel wird. Das Baiser aus dem Ofen nehmen und auskühlen lassen.

7 Vom Pekannussboden das Backpapier abziehen. Den Boden auf eine Tortenplatte geben und um den Boden einen Tortenring legen. Die noch cremige Eiscreme gleichmäßig darauf verstreichen und die Torte weitere 3 Stunden ins Gefrierfach stellen. Das andere Baiser in grobe Stücke brechen.

8 Die Eistorte aus dem Gefrierfach nehmen, die Baiserstücke darauf verteilen, leicht andrücken und servieren.

ZUTATEN FÜR 1 SPRINGFORM (26 CM DURCHMESSER)

Für das Eis:

400 g Johannisbeeren

160 g Zucker · 300 ml kalte Milch

300 ml Sahne (mindestens 30 % Fett)

2 Eigelb

Für den Baiserboden und den Belag:

4 Eiweiß · 125 g Zucker

100 g Puderzucker

15 g Speisestärke

50 g Pekannusskerne, gehackt

ZUBEREITUNGSZEIT: 1 STUNDE
TROCKENZEIT: 1 STUNDE 30 MINUTEN
GEFRIERZEIT: 6 STUNDEN

Schokoladig & Nussig

Birne-Helene-Kuchen

ZUTATEN FÜR 1 SPRINGFORM
(24 CM DURCHMESSER)

100 g Zartbitterkuvertüre
220 g Butter
220 g Zucker
4 Eier
1 Prise Salz
100 ml Milch
1 Spritzer Zitronensaft
440 g Mehl
2 TL Backpulver
2 EL Kakaopulver
Butter und Mehl (für die Form)
2 reife Birnen
(z. B. Williams Christ)
3 EL Schokoladenspäne
(zum Garnieren)

ZUBEREITUNGSZEIT: 35 MINUTEN
BACKZEIT: 50 MINUTEN

1 Die Schokolade grob hacken und auf einem heißen Wasserbad (siehe Tipp Seite 32) schmelzen. Die Schüssel vom Wasserbad nehmen und die Schokolade leicht abkühlen lassen.

2 Die Butter mit dem Zucker cremig rühren. Nach und nach die Eier, das Salz, die Milch und den Zitronensaft dazugeben. Das Mehl mit dem Backpulver sowie dem Kakao mischen und auf die Eimasse sieben. Die Schokolade dazugießen. Alles mit einem Kochlöffel unter die Eimasse heben und zu einem glatten Teig rühren.

3 Den Backofen auf 180 °C (Ober- und Unterhitze) vorheizen.

4 Eine Springform mit Butter einfetten und mit Mehl bestauben. Den Teig in die Form geben und gleichmäßig verstreichen.

5 Die Birnen schälen, vierteln und das Kerngehäuse entfernen. Die Viertel mit der Wölbung nach oben auf dem Teig verteilen und leicht andrücken.

6 Den Kuchen im Ofen 45–50 Minuten backen (Stäbchenprobe machen, siehe Tipp Seite 12). Den Birne-Helene-Kuchen herausnehmen, kurz auskühlen lassen, vorsichtig aus der Form lösen und mit Schokospänen bestreut servieren.

Schokoladen-Birnen-Baiser

ZUTATEN FÜR 2 BAISERTORTEN
(À 20 CM DURCHMESSER)

4 Eiweiß · 120 g Zucker

40 g gemahlene Haselnüsse

40 g fein gehackte Mandeln

40 g Speisestärke · 1 TL Kakaopulver · ½ TL Zimt

2 Birnen · 150 ml Birnensaft · ½ Stange Zimt

1 Stück Schale einer unbehandelten Zitrone

50 g Zartbitterkuvertüre · 50 g Nussnugat

2 cl Birnenschnaps (nach Belieben)

200 ml Sahne (mindestens 30 % Fett)

Puderzucker (nach Belieben)

½ TL Zimt (zum Bestauben)

1 TL Kakaopulver (zum Bestauben)

ZUBEREITUNGSZEIT: 45 MINUTEN
BACKZEIT: 30 MINUTEN
KÜHLZEIT: 2 STUNDEN

1 Die Eiweiße steif schlagen, dabei nach und nach den Zucker einrieseln lassen. Die Nüsse mit den Mandeln, der Stärke, dem Kakao sowie dem Zimt mischen und unter den Eischnee ziehen.

2 Auf eine Lage Backpapier 2 Kreise mit jeweils 20 cm Durchmesser zeichnen. Das Backpapier auf ein Blech legen und den Ofen auf 150 °C (Umluft) vorheizen.

3 Die Baisermasse gleichmäßig in die beiden Kreise auf dem Backpapier streichen und im Ofen etwa 30 Minuten backen. Die Baiserböden herausnehmen und vollständig abkühlen lassen.

4 Die Birnen schälen, vierteln, das Kerngehäuse entfernen und das Fruchtfleisch in Spalten schneiden. Den Birnensaft mit der Zimtstange und der Zitronenschale aufkochen. Die Birnenspalten darin bei niedriger Hitze bissfest garen. Die Birnen aus dem Sud nehmen und gut abtropfen lassen.

5 Jeden Baiserboden einmal quer halbieren. Die Kuvertüre mit dem Nugat in einer Metallschüssel auf einem heißen Wasserbad (siehe Tipp Seite 32) schmelzen und glatt rühren. Den Schnaps unterrühren. Die unteren Baiserböden mit jeweils der Hälfte der Nugatschokolade bestreichen, dann die oberen Baiserböden darauf setzen. Die Baisers 2 Stunden bei Zimmertemperatur abkühlen lassen.

6 Die Sahne steif schlagen und nach Belieben für mehr Süße ein paar Teelöffel Puderzucker einrieseln lassen. Jeweils die Hälfte der Sahne auf jedem Baiser verteilen. Die Birnenspalten darauflegen.

7 Den Zimt mit dem Kakao mischen und die Schokoladen-Birnen-Baisers vor dem Servieren damit bestauben.

Erdbeer-Brandteigkuchen
mit weißer Schokolade

1 Die Butter mit 250 ml Wasser, dem Salz und dem Sirup in einem Topf aufkochen. Das gesamte Mehl auf einmal dazugeben, bei niedriger Hitze rühren und den Teig auf diese Weise abbrennen, bis sich ein Teigkloß und ein weißer Film am Topfboden bildet. Den Kloß in eine Schüssel geben und abgedeckt etwas auskühlen lassen.

2 Den Backofen auf 200 °C (Ober- und Unterhitze) vorheizen. Auf eine Lage Backpapier 2 Kreise mit je 20 cm Durchmesser aufzeichnen und auf ein Backblech legen.

3 Den Teig in einen Spritzbeutel mit großer Lochtülle füllen. Die aufgezeichneten Kreise mit Teigtupfen füllen und im Ofen etwa 30 Minuten goldbraun backen. Die Teigkreise abschließend im abgeschalteten Ofen noch etwa 10 Minuten ziehen lassen, dann herausnehmen und abkühlen lassen.

4 Für die Füllung die Erdbeeren putzen, waschen und 8 davon halbieren, den Rest in Stücke schneiden. Die Schokolade hacken und über einem heißen Wasserbad (siehe Tipp Seite 32) schmelzen. Den Mascarpone mit dem Puderzucker verrühren und die Schokolade nach und nach unterrühren.

5 Einen Kuchenboden mit 2 Dritteln der Schokoladencreme bestreichen, mit den Erdbeerstücken belegen, dann den 2. Kuchenboden darauflegen. Die restliche Creme in einen Spritzbeutel mit Sterntülle füllen und den Kuchen damit verzieren.

6 Die Erdbeerhälften am Rand des Kuchens verteilen. Den Erdbeer-Brandteigkuchen mit Schokospänen bestreuen und mit Puderzucker bestaubt servieren.

ZUTATEN FÜR 4 PERSONEN

Für den Brandteig:

60 g Butter · 1 Prise Salz

2 EL Ahornsirup · 150 g Mehl

4 Eier

Für die Füllung und die Garnitur:

250 g frische Erdbeeren · 250 g weiße Schokolade · 500 g Mascarpone · 100 g Puderzucker

dunkle Schokospäne

Puderzucker

ZUBEREITUNGSZEIT: 40 MINUTEN
BACKZEIT: 40 MINUTEN

Schokoladentarte
mit Beeren

ZUTATEN FÜR 1 TARTEFORM (26 CM DURCHMESSER)

Für den Mürbeteigboden:

180 g Mehl

30 g Kakaopulver

1 Prise Salz

1 Ei

125 g kalte Butter

Butter (für die Form)

Mehl (für die Arbeitsfläche)

getrocknete Hülsenfrüchte (zum Blindbacken)

Für den Belag:

500 ml Sahne (mindestens 30 % Fett)

4 cl Himbeergeist

200 g Zartbitterkuvertüre

250 g Vollmilchkuvertüre

75 g Butter

Für die Garnitur:

200 g gemischte Beeren (z. B. Erdbeeren, Brombeeren, Himbeeren und Blaubeeren)

50 g Vollmilch-Schokoladenraspel

ZUBEREITUNGSZEIT: 1 STUNDE
BACKZEIT: 20 MINUTEN
KÜHLZEIT: 3 STUNDEN 30 MINUTEN

1 Das Mehl mit dem Kakao sowie dem Salz mischen und auf eine Arbeitsfläche häufen. In die Mitte eine Mulde drücken. Das Ei hineingeben und die kalte Butter in Stücken auf dem Rand der Mulde verteilen.

2 Die Zutaten mit einem Messer gut durchhacken, sodass kleine Teigkrümel entstehen. Anschließend die Krümel rasch zu einem Teig verkneten. Den Teig zu einer Kugel formen, in Frischhaltefolie wickeln und 30 Minuten kühl stellen.

3 Den Ofen auf 180 °C (Umluft) vorheizen.

4 Eine Tarteform mit Butter einfetten. Den Teig auf einer bemehlten Arbeitsfläche ausrollen und den Boden der Form damit auslegen, dabei einen 2 cm hohen Rand formen. Backpapier auf den Teigboden legen und mit den Hülsenfrüchten bedecken.

5 Den Teigboden im Ofen etwa 20 Minuten blindbacken, dann aus dem Ofen nehmen. Backpapier mit den Hülsenfrüchten entfernen. Den Boden auskühlen lassen, anschließend aus der Form lösen.

6 Für den Belag die Sahne mit dem Himbeergeist in einem kleinen Topf aufkochen. Den Topf vom Herd nehmen. Die beiden Kuvertüresorten hacken und in eine Schüssel geben. Unter Rühren die heiße Sahne in einem dünnen Strahl dazugießen und alles zu einer glatten Schokoladencreme verrühren. Die Butter in Stücken dazugeben und unterrühren. Die Masse auf dem Teigboden verteilen und zum Festwerden mindestens 3 Stunden in den Kühlschrank stellen.

7 Die Tarte aus dem Kühlschrank nehmen. Die Beeren verlesen, putzen und waschen. Die Schokoladentarte mit Schokoraspeln bestreuen und mit den Beeren garniert servieren.

Schwarzwälder Kirschtorte

ZUTATEN FÜR 1 SPRINGFORM
(18 CM DURCHMESSER)

Für den Mürbeteigboden und den Biskuit:

100 g Mehl · 60 g Butter · 30 g Zucker · 1–2 EL Sahne (mindestens 30 % Fett)

2 Eier · 60 g Zucker · ¾ Päckchen Vanillezucker · 30 g Mehl · 20 g Speisestärke · 20 g Kakaopulver

Für die Füllung und die Garnitur:

200 g Schattenmorellen mit Saft (aus dem Glas) · 3 TL Speisestärke · 1 Päckchen Vanillezucker · 2–3 EL Kirschkonfitüre · 3 cl Kirschwasser (nach Belieben) · 300 ml Sahne (mindestens 30 % Fett) · 2 Päckchen Sahnesteif · 1 EL Puderzucker

Belegkirschen und Schokoladenraspel

ZUBEREITUNGSZEIT: 45 MINUTEN
BACKZEIT: 40 MINUTEN
KÜHLZEIT: 2 STUNDEN 30 MINUTEN

1 Den Backofen auf 200 °C (Ober- und Unterhitze) vorheizen. Den Boden einer Form mit Backpapier auslegen.

2 Für den Mürbeteigboden das Mehl, die Butter, den Zucker und die Sahne zu einem glatten Teig verkneten. Diesen zwischen 2 Lagen Frischhaltefolie dünn ausrollen und den Boden der Form damit auslegen. Den Boden 10–15 Minuten backen, auskühlen lassen, dann aus der Form lösen.

3 Für den Biskuit die Eier trennen. Die Eiweiße steif schlagen, dabei den Zucker und den Vanillezucker nach und nach einrieseln lassen. Die Eigelbe und 2 Teelöffel Wasser unterrühren. Das Mehl, die Speisestärke und den Kakao vermischen, über die Eimasse sieben und mit dem Eischnee vorsichtig unterheben. Die Masse in die mit Backpapier ausgelegte Form geben und glatt streichen. Die Temperatur im Backofen auf 180 °C reduzieren. Den Biskuit etwa 40 Minuten backen (Stäbchenprobe machen, siehe Tipp Seite 12), in der Form erkalten lassen, dann aus der Form lösen und einmal quer halbieren.

4 Für die Füllung die Schattenmorellen abtropfen lassen, den Saft auffangen. Die Hälfte des Safts mit der Stärke und dem Vanillezucker glatt rühren. Die Sauce aufkochen lassen, bis sie eindickt. Den Topf vom Herd nehmen, die Schattenmorellen einrühren und alles abkühlen lassen.

5 Den Mürbeteigboden mit der Kirschkonfitüre bestreichen und einen Biskuitboden daraufsetzen. Den Biskuit nach Belieben mit Kirschwasser beträufeln und einen Tortenring um den Boden legen. Die Sahne mit dem Sahnesteif und dem Puderzucker schnittfest schlagen und in einen Spritzbeutel mit Rosettentülle füllen. Mit etwa 1 Drittel der Sahne auf den Biskuitboden am äußeren Rand entlang einen Kreis spritzen, weiter in der Mitte einen zweiten Kreis. In die Zwischenräume die Kirschmasse füllen. Den übrigen Biskuitboden darauflegen, leicht andrücken und die Torte 2 Stunden zum Festwerden in den Kühlschrank stellen.

6 Den Tortenring entfernen. Von der übrigen Sahne 6–8 Esslöffel beiseitestellen. Die Torte rundum gleichmäßig mit Sahne bestreichen. Mit der restlichen Sahne Rosetten auf die Torte spritzen. Die Torte mit Belegkirschen sowie Schokoladenraspeln garnieren. Die Schwarzwälder Kirschtorte vor dem Servieren mindestens 30 Minuten kühl stellen.

Himbeercremetorte
mit Schokoladenboden

1 Den Backofen auf 200 °C (Umluft) vorheizen.

2 Für den Biskuit die Eier trennen. Die Eiweiße mit 4 Esslöffeln kaltem Wasser steif schlagen, dabei den Zucker einrieseln lassen. Die Eigelbe unter den Eischnee rühren. Das Mehl, die Stärke, den Kakao und das Backpulver mischen, über die Eimasse sieben und vorsichtig unterheben.

3 Die Masse in eine mit Backpapier ausgelegte Springform streichen und etwa 20 Minuten im Ofen backen (Stäbchenprobe machen, siehe Tipp Seite 12). Den Biskuitboden herausnehmen, aus der Form lösen und den Boden auskühlen lassen.

4 Für die Füllung die Himbeeren verlesen und putzen. Die Gelatine in kaltem Wasser einweichen. Den Quark mit dem Zitronensaft, dem Vanillezucker und nach Belieben mit Zucker verrühren. Die Gelatine gut ausdrücken und mit dem Himbeergeist in einem Topf bei niedriger Hitze leicht erwärmen, bis sich die Gelatine auflöst. Die Gelatine mit 2 Esslöffeln der Quarkcreme mischen, dann in die Quarkmasse rühren. Die Sahne steif schlagen und unterheben. Die Himbeeren vorsichtig unterziehen.

5 Den Biskuitboden quer halbieren. Um den unteren Boden einen Tortenring legen. Die Himbeercreme daraufgeben und glatt streichen. Den 2. Boden daraufsetzen und leicht andrücken. Die Torte zum Festwerden mindestens 2 Stunden in den Kühlschrank stellen.

6 Die Torte aus dem Kühlschrank nehmen und den Tortenring entfernen. Die Himbeercremetorte vor dem Servieren mit den Schokoladenspänen bestreuen, mit Puderzucker bestauben und mit den Himbeeren garnieren.

ZUTATEN FÜR 1 SPRINGFORM
(24 CM DURCHMESSER)

Für den Schokoladenbiskuit:

4 Eier · 125 g Zucker · 80 g Mehl · 40 g Speisestärke · 40 g Kakaopulver · 1 TL Backpulver

Für die Füllung:

250 g reife, große Himbeeren

9 Blatt weiße Gelatine · 500 g Magerquark

3 EL Zitronensaft · 2 Päckchen Vanillezucker

Zucker (nach Belieben) · 1 cl Himbeergeist

250 ml Sahne (mindestens 30 % Fett)

Schokoladenspäne (zum Garnieren)

Puderzucker (zum Bestauben)

12 Himbeeren (zum Garnieren)

ZUBEREITUNGSZEIT: 30 MINUTEN
BACKZEIT: 20 MINUTEN
KÜHLZEIT: 2 STUNDEN

Schokoladentorte
mit Himbeeren

ZUTATEN FÜR 1 SPRINGFORM
(24 CM DURCHMESSER)

Für den Biskuit:

6 Eier

125 g Zucker

2 EL Vanillezucker

1 Msp. abgeriebene Schale einer unbehandelten Zitrone

1 Prise Salz

125 g Vollkornmehl

1 TL Backpulver

50 g gemahlene Walnüsse

1 EL Schokoladenraspel

Für die Füllung und die Garnitur:

450 ml Milch

1 Päckchen Vanillepuddingpulver (für 500 ml Flüssigkeit)

3 EL Zucker

300 g frische Himbeeren

250 g Butter

450 g Zartbitterkuvertüre

75 g Schokoladenröllchen

Puderzucker

ZUBEREITUNGSZEIT: 45 MINUTEN
BACKZEIT: 35 MINUTEN
KÜHLZEIT: 2 STUNDEN

1 Den Backofen auf 180 °C (Ober- und Unterhitze) vorheizen.

2 Für den Biskuit die Eier trennen. Die Eigelbe mit dem Zucker, dem Vanillezucker und der Zitronenschale schaumig rühren. Die Eiweiße mit dem Salz steif schlagen und auf die Eigelbmasse geben. Das Mehl mit dem Backpulver, den Nüssen und den Schokoladenraspeln mischen. Die Mehlmischung auf den Eischnee geben und alles behutsam zu einer luftigen Masse vermischen.

3 Die Masse in eine mit Backpapier ausgelegte Springform füllen und im Ofen etwa 35 Minuten goldbraun backen (Stäbchenprobe machen, siehe Tipp Seite 12). Den Biskuit auf ein Gitter stürzen, abkühlen lassen und einmal quer halbieren.

4 Für den Belag 3 Esslöffel Milch mit dem Puddingpulver glatt rühren. Die restliche Milch mit dem Zucker zum Kochen bringen und die Puddingmilch langsam dazugießen. Alles gut verrühren, aufkochen und andicken lassen. Den fertigen Pudding in eine Schüssel füllen und auskühlen lassen, dabei abdecken und gelegentlich umrühren, damit sich keine Haut bildet.

5 Die Himbeeren verlesen und putzen. Um 1 Tortenboden einen Tortenring legen und den Boden auf eine Kuchenplatte stellen. Die Butter schaumig schlagen, den Pudding esslöffelweise dazugeben und alles weiter zu einer glatten Creme rühren. Die Creme mit der Hälfte der Himbeeren mischen und gleichmäßig auf den Tortenboden streichen. Den 2. Tortenboden darauflegen und leicht andrücken. Die Torte 2 Stunden in den Kühlschrank stellen.

6 Die Schokolade grob hacken und in einer Metallschüssel auf einem heißen Wasserbad (siehe Tipp Seite 32) schmelzen. Die Schüssel vom Wasserbad nehmen und die Schokolade etwas abkühlen lassen.

7 Den Umfang sowie die Höhe der Torte ausmessen und einen Streifen Alufolie oder Backpapier in passender Größe zuschneiden. Die Alufolie mit der lauwarmen Kuvertüre bestreichen, leicht fest werden lassen (sie darf noch nicht ganz fest sein).

8 Die Torte aus dem Kühlschrank nehmen und den Tortenring entfernen. Den Kuvertürestreifen mit der Folie nach außen um die Torte legen, leicht andrücken und die Kuvertüre vollständig fest werden lassen. Die Folie behutsam abziehen. Die übrige Kuvertüre auf die Torte streichen und trocknen lassen. Die Schokoladentorte mit den restlichen Himbeeren und den Schokoladenröllchen belegen und mit Puderzucker bestaubt servieren.

Donauwellen-Torte

ZUTATEN FÜR 1 SPRINGFORM (26 CM DURCHMESSER)

Für den Tortenboden:

200 g weiche Butter

180 g Zucker

3 Eier

1 Prise Salz

400 g Mehl

1 Päckchen Backpulver

etwa 120 ml Milch

Butter und Mehl (für die Form)

2 EL Kakaopulver

2 EL Rum

400 g Schattenmorellen (aus dem Glas)

Für die Creme:

¾ Päckchen Vanillepuddingpulver (für 375 ml Flüssigkeit)

375 ml Milch

3 EL Zucker

Puderzucker (zum Bestauben)

150 g Butter

35 g Puderzucker

Für den Schokoladenguss:

150 g Vollmilchkuvertüre

2 EL Sahne (mindestens 30 % Fett)

15 Schokoladenblüten (zum Garnieren)

ZUBEREITUNGSZEIT: 40 MINUTEN
BACKZEIT: 50 MINUTEN
KÜHL- UND RUHEZEIT: 2 STUNDEN

1 Den Backofen auf 180 °C (Ober- und Unterhitze) vorheizen.

2 Die Butter mit dem Zucker cremig schlagen. Die Eier mit dem Salz nach und nach unterrühren. Das Mehl mit dem Backpulver mischen und mit der Milch abwechselnd unter die Eimasse rühren.

3 Eine Springform mit Butter einfetten und mit Mehl bestreuen. 2 Drittel des Teigs in die Form geben und glatt verstreichen. Den restlichen Teig mit dem Kakao sowie dem Rum verrühren und vorsichtig auf dem hellen Teig verstreichen.

4 Die Kirschen abtropfen lassen, 15 Stück beiseitelegen. Die restlichen Kirschen über dem Teig verteilen. Den Tortenboden im Ofen 45–50 Minuten backen (Stäbchenprobe machen, siehe Tipp Seite 12).

5 Für die Creme das Puddingpulver mit 3 Esslöffeln Milch verrühren. Die restliche Milch mit dem Zucker in einem Topf zum Kochen bringen und die Puddingmilch einfließen lassen. Alles gut verrühren, aufkochen und andicken lassen. Den fertigen Pudding in eine Schüssel füllen, mit Puderzucker bestauben und auskühlen lassen, dabei abdecken und gelegentlich umrühren, damit sich keine Haut bildet. Die Butter mit dem Puderzucker weiß-cremig schlagen und den Pudding nach und nach unterheben.

6 Den Tortenboden aus dem Ofen nehmen und etwa 30 Minuten auskühlen lassen. Einen Tortenring um den Tortenboden legen und die Puddingcreme auf dem Boden verstreichen. Die Torte 1 Stunde zum Festwerden in den Kühlschrank stellen.

7 Für den Schokoladenguss die Kuvertüre grob hacken und mit der Sahne in einer Metallschüssel auf einem heißen Wasserbad (siehe Tipp Seite 32) schmelzen. Die Schüssel vom Wasserbad nehmen. Die Schokolade leicht abkühlen lassen und lauwarm auf der Puddingcreme verstreichen. Die Torte mit den übrigen Kirschen und den Schokoladenblüten belegen.

8 Die Donauwellen-Torte vor dem Servieren mindestens 30 Minuten ruhen lassen, damit die Schokolade fest wird.

Prinzregententorte

ZUTATEN FÜR 1 SPRINGFORM
(26 CM DURCHMESSER)

Für die Böden:

4 Eier · 250 g Zucker · 1 Prise Salz · 1 TL abgeriebene Schale einer unbehandelten Zitrone · 250 g Butter, zerlassen · 200 g Mehl · 2 EL Speisestärke · 1 TL Backpulver

Butter (für die Form)

Für die Creme:

1 Päckchen Schokoladenpuddingpulver (für 500 ml Flüssigkeit)

2 TL Speisestärke

100 g Zucker · 2 EL Kakaopulver · 500 ml Milch

50 g Zartbitterschokolade · 300 g weiche Butter

250 g Zartbitterkuvertüre (für den Guss)

ZUBEREITUNGSZEIT: 1 STUNDE
BACKZEIT: 48 MINUTEN
KÜHLZEIT: 3 STUNDEN

1 Den Backofen auf 180 °C (Umluft) vorheizen.

2 Für den Teig die Eier trennen. Die Eigelbe mit dem Zucker schaumig schlagen. Das Salz, die Zitronenschale und die Butter einrühren. Das Mehl, die Stärke sowie das Backpulver mischen und nach und nach unterziehen. Die Eiweiße zu steifem Schnee schlagen und vorsichtig unterheben. Den Teig in 6 Portionen teilen.

3 Eine Springform mit Butter einfetten. 1 Teigportion in die Form füllen und 6–8 Minuten backen. Aus dem restlichen Teig weitere 5 Böden backen. Die Böden nach dem Backen sofort aus der Form lösen und auf einem Kuchengitter auskühlen lassen.

4 Für die Creme das Puddingpulver mit der Stärke, dem Zucker, dem Kakao und einigen Esslöffeln kalter Milch glatt rühren. Die restliche Milch in einem Topf zum Kochen bringen. Die Schokolade in Stücke brechen und darin schmelzen. Die Puddingmilch unter Rühren dazugießen und alles einmal kurz aufkochen lassen. Den Topf vom Herd ziehen und den Pudding abgedeckt abkühlen lassen, dabei gelegentlich umrühren, damit sich keine Haut bildet.

5 Die Butter schaumig schlagen, dann den Pudding esslöffelweise dazugeben und alles weiter zu einer glatten Creme schlagen.

6 Von den Tortenböden 5 Stück dünn mit der Creme bestreichen und aufeinandersetzen, mit dem 6. Boden abschließen. Die Torte rundherum hauchdünn mit der restlichen Creme einstreichen und 2 Stunden zum Festwerden in den Kühlschrank stellen.

7 Die Kuvertüre grob hacken und in einer Metallschüssel auf einem heißen Wasserbad (siehe Tipp Seite 32) schmelzen. Die Schüssel vom Wasserbad nehmen und die Kuvertüre etwas abkühlen lassen. Wenn sie beginnt, fest zu werden, mit einer breiten Palette oder einem breiten Messer die Torte ringsum damit überziehen.

8 Die Prinzregententorte vor dem Servieren mindestens 1 Stunde an einen kühlen Ort stellen, damit die Kuvertüre fest wird.

Schokostreuselkuchen

1 Den Backofen auf 180 °C (Ober- und Unterhitze) vorheizen.

2 Das Mehl und den Kakao mischen und auf eine Arbeitsfläche häufen. In die Mitte eine Mulde drücken. Das Ei hineingeben. Die Butter in Stücken und den Zucker auf dem Rand der Mulde verteilen. Die Zutaten mit einem Messer gut durchhacken, sodass kleine Teigkrümel entstehen. Anschließend die Krümel rasch zu einem glatten Teig verkneten. Ist der Teig zu trocken, nach Bedarf 1–3 Esslöffel Wasser dazugeben.

3 Eine Springform mit Butter einfetten. 3 Viertel des Teigs 3–4 mm dünn ausrollen und die Form damit auskleiden, dabei einen hohen Rand formen. Den restlichen Teig zurück in eine Schüssel geben und beiseite stellen.

4 Für die Füllung den Quark mit dem Joghurt, dem Puddingpulver oder der Stärke-Kakao-Mischung, dem Backpulver und dem Zucker glatt rühren. Je nach Geschmack mehr oder weniger Zucker dazugeben. Die Eier unterschlagen. Die Quarkmasse auf den Mürbeteigboden geben und glatt streichen.

5 Für die Streusel den Zucker und das Mehl zu dem restlichen Teig in die Schüssel geben. Alles zwischen beiden Händen zu Streuseln zerreiben. Die Streusel über der Quarkmasse verteilen.

6 Den Kuchen im Ofen (untere Schiene) 50–60 Minuten backen (Stäbchenprobe machen, siehe Tipp Seite 12). Nach der Hälfte der Backzeit den Kuchen mit Alufolie abdecken, damit er nicht zu dunkel wird.

7 Den Schokostreuselkuchen aus dem Ofen nehmen, auf einem Kuchengitter gut auskühlen lassen und mit Puderzucker bestaubt servieren.

ZUTATEN FÜR 1 SPRINGFORM
(26 CM DURCHMESSER)

Für den Mürbeteigboden:

280 g Mehl · 50 g Kakaopulver · 1 Ei · 200 g Butter
100 g Zucker · Butter (für die Form)

Für die Füllung:

500 g Magerquark · 500 g Magerjoghurt

3 Päckchen Schokoladenpuddingpulver
(für 1500 ml Flüssigkeit) oder 100 g Speisestärke gemischt mit 4–5 EL Kakaopulver

1 Päckchen Backpulver · etwa 120 g Zucker · 6 Eier

Für die Streusel:

3–4 EL Zucker · 2–4 EL Mehl

Puderzucker (zum Bestauben)

ZUBEREITUNGSZEIT: 30 MINUTEN
BACKZEIT: 1 STUNDE

Schokoturm

ZUTATEN FÜR 20 PORTIONEN

1 Tarteform (22 cm Durchmesser) mit glattem, schrägem Rand

1 Minigugelhupfform (18 cm Durchmesser)

1 Riesenmuffinform (12 cm Durchmesser)

Butter und Mehl (für die Formen)

Für die Tortenböden:

450 g Butter · 450 g Zucker

10 Eier · 1 Prise Salz

800 g Mehl · 60 g Kakaopulver

4 TL Backpulver

200 g gemahlene Mandeln

300–350 ml Milch

Für die Füllung:

1 EL Puderzucker

1 Päckchen Sahnesteif

250 ml Sahne (mindestens 30 % Fett)

bunte Zuckerstreusel (zum Garnieren)

ZUBEREITUNGSZEIT: 45 MINUTEN
BACKZEIT: 40 MINUTEN

1 Die Formen mit Butter einfetten und mit Mehl bestreuen. Den Backofen auf 180 °C (Umluft) vorheizen.

2 Für den Teig die Butter mit dem Zucker cremig schlagen. Die Eier mit dem Salz nach und nach unterrühren. Das Mehl mit dem Kakao und dem Backpulver mischen, dann auf die Schaummasse sieben. Die Mandeln dazugeben und alles verrühren, dabei so viel Milch nach und nach dazugießen, bis ein geschmeidiger Teig entsteht.

3 Den Teig auf die vorbereiteten Formen verteilen, glatt verstreichen und gemeinsam im Ofen backen. Die Muffinform 15–20 Minuten, die Tarteform etwa 30 Minuten und die Gugelhupfform etwa 40 Minuten backen (Stäbchenprobe machen, siehe Tipp Seite 12). Die fertigen Kuchen herausnehmen, aus der Form stürzen und auskühlen lassen.

4 Für die Füllung den Puderzucker mit dem Sahnesteif mischen. Die Sahne anschlagen, die Puderzuckermischung dazugeben und die Sahne schnittfest schlagen.

5 Den Tartekuchen mit der Oberseite nach unten auf eine Tortenplatte legen. Den Kuchen mit etwa der Hälfte der Sahne bestreichen. Den Gugelhupf mit dem Loch nach unten daraufsetzen. Die Hälfte der übrigen Sahne daraufgeben und den Muffin daraufstellen. Die restliche Sahne in einen Spritzbeutel mit Rosettentülle füllen und auf den Muffin eine Sahnerosette spritzen.

6 Die Sahneverzierungen mit den Zuckerstreuseln bestreuen und den Schokoturm servieren.

TIPP

Damit die einzelnen Schokoturmteile besser zusammenhalten, nehmen Sie Holzspieße oder Tortendübel aus dem Konditorbedarf. Stecken Sie jeweils zwei Spieße vor dem Aufeinandersetzen der Kuchen in den unteren und mittleren Kuchen und setzen Sie die Teile dann zusammen.
Für eine edlere Füllung bereiten Sie die Schokoladencremefüllung der Festlichen Schokoladentorte (s. Rezept Seite 162) anstatt der Sahne zu.

Mokka-Walnuss-Torte

ZUTATEN FÜR 1 SPRINGFORM (26 CM DURCHMESSER)

Für den Mürbeteigboden:

200 g Mehl · 1 Prise Salz · 1 Ei

50 g Zucker · 100 g kalte Butter

Mehl (für die Arbeitsfläche)

3 EL Johannisbeergelee

Für den Biskuit:

5 Eier · 125 g Zucker

2 EL Vanillezucker

1 Msp. abgeriebene Schale einer unbehandelten Zitrone

1 Prise Salz · 125 g Vollkornmehl

1 TL Backpulver · 1 EL Kakaopulver

50 g gemahlene Walnüsse

Für die Creme:

200 ml Sahne (mindestens 30 % Fett) · 3 Blatt weiße Gelatine

500 g Mascarpone · 50 ml Mokka, frisch gebrüht und abgekühlt

150 g Zucker · 2 cl Kaffeelikör

Für die Garnitur:

400 g Marzipanrohmasse

Puderzucker (für die Arbeitsfläche)

3 EL Kakaopulver

100 ml Sahne (mindestens 30 % Fett)

1 TL Puderzucker

6 Walnusskernhälften

6 Mokkabohnen

ZUBEREITUNGSZEIT: 45 MINUTEN
BACKZEIT: 50 MINUTEN
KÜHLZEIT: 4 STUNDEN

1 Den Backofen auf 180 °C (Ober- und Unterhitze) vorheizen. Das Mehl mit dem Salz mischen und auf eine Arbeitsfläche häufen. In die Mitte eine Mulde drücken. Das Ei hineingeben. Den Zucker und die Butter in Stücken auf dem Rand der Mulde verteilen. Die Zutaten mit einem Messer durchhacken, sodass kleine Teigkrümel entstehen. Anschließend die Krümel rasch zu einem glatten Teig verkneten. Ist der Teig zu trocken, einige Esslöffel Wasser dazugeben. Den Teig zu einer Kugel formen und in Frischhaltefolie gewickelt 30 Minuten in den Kühlschrank legen.

2 Eine Springform mit Backpapier auslegen. Den Teig auf einer bemehlten Arbeitsfläche in Größe der Form ausrollen und nur den Boden der Form damit auskleiden. Den Mürbeteig im Ofen 10–15 Minuten goldbraun backen, herausnehmen, auskühlen lassen und aus der Form lösen.

3 Für den Biskuit die Eier trennen. Die Eigelbe mit dem Zucker, dem Vanillezucker und der Zitronenschale schaumig rühren. Die Eiweiße mit dem Salz steif schlagen und auf die Eigelbmasse geben. Das Mehl mit dem Backpulver und dem Kakao mischen und auf den Eischnee sieben. Die Nüsse dazugeben und alles zu einer luftigen Masse vermischen. Diese in die mit Backpapier ausgelegte Form füllen und im Ofen etwa 35 Minuten goldbraun backen (Stäbchenprobe machen, siehe Tipp Seite 12). Den Biskuit auf ein Gitter stürzen, abkühlen lassen und quer halbieren.

4 Den Mürbeteigboden auf eine Platte legen und mit dem Gelee bestreichen. Einen Biskuitboden auf den Mürbeteigboden legen und mit einem Tortenring versehen.

5 Für die Creme die Sahne steif schlagen. Die Gelatine in kaltem Wasser einweichen. Den Mascarpone mit dem Mokka, dem Zucker und dem Likör verrühren. Die Gelatine tropfnass in einem Topf schmelzen, dann 2 Esslöffel der Mokkacreme mit der Gelatine mischen und alles in die restliche Creme rühren. Die Sahne unter die Creme heben. Die Hälfte der Masse auf den 1. Biskuitboden streichen und den 2. Boden darauflegen. Den Tortenring entfernen. Die Torte rundum mit der übrigen Creme bestreichen und mindestens 2 Stunden in den Kühlschrank stellen.

6 Für die Garnitur die Marzipan-Rohmasse auf einer mit Puderzucker bestaubten Arbeitsfläche auf die Fläche der Torte (mit Rand) etwa 2–3 mm dünn ausrollen. Die Torte mit dem Marzipan rundum bedecken und mit Kakao bestauben. Die Sahne mit dem Puderzucker steif schlagen, in einen Spritzbeutel mit Sterntülle füllen und 12 Rosetten auf die Torte spritzen. Diese abwechselnd mit Walnusshälften und Mokkabohnen belegen. Die Mokka-Walnuss-Torte vor dem Servieren 1 ½ Stunden kühlen.

Käsesahne
mit weißer Schokolade

ZUTATEN FÜR 1 SPRINGFORM (26 CM DURCHMESSER)

Für den Boden:

70 g Butter · 70 g Zucker · 1 Ei · 100 g Mehl · 40 g gehackte Mandeln · 1 EL Kakaopulver · 1 Msp. Backpulver · 3 EL Milch · 4 EL Espresso, frisch gebrüht (zum Tränken)

Für die Käsesahne:

10 Blatt weiße Gelatine · 200 g weiße Schokolade · 700 g Magerquark · 2 EL Zitronensaft · 50 g Zucker · 150 ml Sahne (mindestens 30 % Fett)

Für die Garnitur:

2–3 EL Kakaopulver · 250 ml Sahne (mindestens 30 % Fett) · 3 EL Puderzucker · dunkle Schokoladenspäne

ZUBEREITUNGSZEIT: 50 MINUTEN
BACKZEIT: 20 MINUTEN
KÜHLZEIT: 4 STUNDEN

1 Den Backofen auf 180 °C (Ober- und Unterhitze) vorheizen.

2 Für den Boden die Butter mit dem Zucker cremig rühren. Das Ei dazugeben und ebenfalls unterrühren. Das Mehl mit den Mandeln, dem Kakao sowie dem Backpulver mischen und mit der Milch abwechselnd unter die Buttermasse rühren.

3 Den Teig in eine mit Backpapier ausgelegte Springform füllen, glatt streichen und im Ofen 15–20 Minuten backen (Stäbchenprobe machen, siehe Tipp Seite 12). Den Boden aus dem Ofen nehmen, abkühlen lassen und aus der Form lösen.

4 Für die Käsesahne die Gelatine in kaltem Wasser einweichen. Die Schokolade grob hacken und in einer Metallschüssel auf einem heißen Wasserbad (siehe Tipp Seite 32) schmelzen. Die Schüssel vom Wasserbad nehmen und die Schokolade abkühlen lassen.

5 Den Quark mit dem Zitronensaft und dem Zucker verrühren. Die Gelatine ausdrücken, in die noch warme Schokolade rühren und darin auflösen. Die Schokoladenmischung mit der Quarkmasse verrühren. Die Sahne steif schlagen und unterheben.

6 Um den Boden einen Tortenring legen und den Boden mit 2 Esslöffeln Espresso tränken. Die Käsesahnemasse darauf verteilen. Die Käsesahne mit Kakao bestauben und die Torte zum Festwerden 4 Stunden in den Kühlschrank stellen.

7 Die Sahne mit dem Puderzucker steif schlagen und dabei nach und nach den restlichen Espresso in einem dünnen Strahl dazugießen. Die Sahne auf der Torte locker verteilen.

8 Die Käsesahne mit den Schokoladenspänen garniert servieren.

Schoko-Mandel-Kuchen

1 Den Backofen auf 160 °C (Ober- und Unterhitze) vorheizen.

2 Die Mandeln auf ein Backblech geben und im Ofen leicht anrösten, bis sie duften. Die Mandeln herausnehmen und abkühlen lassen.

3 Das Mehl mit dem Kakao und dem Backpulver in einer Schüssel mischen. Den Honig, den Zucker, den Zimt, die Nelken und den Pfeffer dazugeben, etwa 100 ml warmes Wasser hinzufügen und alles gut zu einem Teig verkneten. Das Zitronat, das Orangeat, die Mandeln und die Pflaumen unterkneten.

4 Den Teig zu einem runden Laib formen und auf ein mit Backpapier belegtes Blech setzen. Den Kuchen im Ofen etwa 50 Minuten backen (Stäbchenprobe machen, siehe Tipp Seite 12). Der Kuchen sollte oben nicht dunkel werden, deshalb rechtzeitig mit Alufolie abdecken. Anschließend den Kuchen abkühlen lassen.

5 Die Kuvertüre in einem kleinen Topf bei niedriger Hitze schmelzen. Den Schoko-Mandel-Kuchen dick mit Kuvertüre überziehen und trocknen lassen.

ZUTATEN FÜR 1 KUCHEN

120 g geschälte Mandelkerne

180 g Mehl · 50 g Kakaopulver · ½ TL Backpulver

100 g Honig · 50 g brauner Zucker · ½ TL Zimt

1 Msp. gemahlene Nelken

1 Prise frisch gemahlener Pfeffer

je 30 g Zitronat und Orangeat, fein gehackt

40 g Trockenpflaumen, halbiert

200 g Zartbitterkuvertüre

ZUBEREITUNGSZEIT: 30 MINUTEN
BACKZEIT: 50 MINUTEN

TIPP

Lassen Sie den Kuchen vor dem Überziehen mit der Kuvertüre 8–10 Tage in Alufolie verpackt an einem kühlen Ort durchziehen. So wird er saftiger und aromatischer.

Haselnusstorte
mit Schokoladencreme

ZUTATEN FÜR 1 SPRINGFORM
(20 CM DURCHMESSER)

Für den Tortenboden:

4 Eier

1 Prise Salz

250 g Butter

200 g Zucker

1 TL Backpulver

400 g Mehl

etwa 150 ml Milch

200 g gemahlene Haselnüsse

2 EL Kakaopulver

Butter und Mehl (für die Form)

Für die Schokocreme:

200 g Nugat

150 g Zartbitterschokolade

150 ml Sahne
(mindestens 30 % Fett)

goldene Zuckerperlen
(nach Belieben zum Garnieren)

ZUBEREITUNGSZEIT: 40 MINUTEN
BACKZEIT: 1 STUNDE

1 Den Backofen auf 160 °C (Umluft) vorheizen.

2 Für den Boden die Eier trennen. Die Eiweiße mit dem Salz steif schlagen. Die Butter mit dem Zucker schaumig schlagen, nach und nach die Eigelbe unterrühren. Das Backpulver mit dem Mehl vermischen und abwechselnd mit der Milch unter die Eigelbmasse rühren, bis ein geschmeidiger Teig entstanden ist. Die Haselnüsse unterrühren und den Eischnee unterziehen. Die Hälfte des Teigs in eine andere Schüssel füllen und mit dem Kakao vermischen.

3 Eine Springform mit Butter einfetten und mit Mehl bestauben. Den dunkleren Kakaoteig in die Form geben und glatt streichen. Den helleren Teig darübergeben und ebenfalls gleichmäßig verstreichen. Den Teig im Ofen etwa 1 Stunde backen (Stäbchenprobe machen, siehe Tipp Seite 12). Den Kuchen in der Form etwas abkühlen lassen, dann auf ein Gitter stürzen und völlig erkalten lassen.

4 Für die Schokocreme den Nugat und die Schokolade hacken, dann in eine Metallschüssel oder einen kleinen Topf geben. Die Sahne in einem anderen kleinen Topf bei niedriger Hitze erhitzen.

5 Die heiße Sahne über die Schokolade und den Nugat gießen und alles zu einer Creme verrühren. Die Schokoladencreme etwas abkühlen lassen.

6 Die Haselnusstorte auf die helle Oberseite drehen, mit der Schokoladencreme rundum bestreichen, kurz trocknen lassen und nach Belieben mit Zuckerperlen garniert servieren.

Walnusstorte
mit Vogelbeerkompott

ZUTATEN FÜR 1 TARTEFORM
(24 CM DURCHMESSER)

Für das Vogelbeerkompott:

400 g Vogelbeeren (Ebereschen)
125 g brauner Zucker

Für den Mürbeteigboden:

175 g Mehl
50 g Zucker
1 EL Vanillezucker
1 Prise Salz
1 Ei
125 g kalte Butter
Butter (für die Form)
Mehl (für die Arbeitsfläche)
Hülsenfrüchte (zum Blindbacken)

Für den Belag:

3 EL Aprikosenkonfitüre
150 g Butter
175 g Zucker
4 Eier
200 g gemahlene Walnüsse
1 EL Kakaopulver
50 g gemahlene Mandeln

ZUBEREITUNGSZEIT: 1 STUNDE
KÜHLZEIT: 30 MINUTEN
BACKZEIT: 55 MINUTEN
ZIEHZEIT KOMPOTT: 12 STUNDEN

1 Für das Kompott die Vogelbeeren waschen und putzen. Die Beeren mit dem Zucker mischen und über Nacht durchziehen lassen. Die Mischung am nächsten Tag langsam aufkochen, dann zugedeckt abkühlen lassen.

2 Für den Mürbeteig das Mehl mit dem Zucker, dem Vanillezucker und dem Salz mischen und auf eine Arbeitsfläche häufen. In die Mitte eine Mulde drücken und das Ei hineingeben. Die Butter in Stücken auf dem Rand der Mulde verteilen. Die Zutaten mit einem Messer gut durchhacken, sodass kleine Teigkrümel entstehen. Anschließend die Krümel rasch zu einem glatten Teig verkneten. Ist der Teig zu trocken, einige Esslöffel Wasser dazugeben. Den Teig zu einer Kugel formen und in Frischhaltefolie gewickelt 30 Minuten in den Kühlschrank legen.

3 Den Backofen auf 180 °C (Ober- und Unterhitze) vorheizen.

4 Eine Tarteform mit Butter einfetten. Den Teig auf einer bemehlten Arbeitsfläche etwas größer als die Form ausrollen und die Form damit auskleiden, dabei einen Rand hochziehen. Den Teig mit Backpapier belegen, die Hülsenfrüchten daraufstreuen und im Ofen etwa 15 Minuten blindbacken. Den Mürbeteigboden herausnehmen, die Hülsenfrüchte sowie das Backpapier entfernen und den Boden in der Form auskühlen lassen.

5 Für den Belag die Konfitüre in einem kleinen Topf leicht erwärmen. Die Butter mit dem Zucker cremig schlagen und die Eier nach und nach zugeben. Alles weiterrühren, bis eine cremige Masse entstanden ist. Die Walnüsse, den Kakao und die Mandeln untermischen.

6 Die Konfitüre auf dem Mürbeteigboden verstreichen. Den Walnussteig darauf verteilen, glatt streichen und die Torte im Ofen 30–40 Minuten backen.

7 Die Torte aus dem Ofen nehmen, kurz abkühlen lassen, aus der Form lösen und auf einem Kuchengitter vollständig erkalten lassen.

8 Die Walnusstorte mit dem Vogelbeerkompott servieren.

TIPP

Vogelbeeren sind etwas bitter. Sie verlieren diese bittere Note, wenn Sie die Beeren vor dem Verarbeiten 48 Stunden ins Gefrierfach legen.

Haselnusskuchen
mit Kaffeeglasur

ZUTATEN FÜR 1 SPRINGFORM (24 CM DURCHMESSER)

Für den Kuchen:

250 g weiche Butter

250 g Zucker

4 Eier

300 g Mehl

100 g gemahlene Haselnüsse

1 TL Instant-Kaffeepulver

1 Päckchen Backpulver

1 Prise gemahlener Safran

1 TL Zimt

1 Msp. gemahlene Nelken

1 Prise Salz

Für den Guss:

etwa 150 g Puderzucker

1–2 EL Espresso, frisch gebrüht und abgekühlt

ZUBEREITUNGSZEIT: 30 MINUTEN
BACKZEIT: 45 MINUTEN

1 Den Backofen auf 180 °C (Umluft) vorheizen.

2 Für den Kuchenteig die Butter cremig schlagen, dabei nach und nach den Zucker einrieseln lassen und so lange weiterrühren, bis sich der Zucker aufgelöst hat. Dann die Eier nach und nach unter Rühren dazugeben. Alles etwa 5 Minuten lang zu einer schaumigen Masse rühren.

3 Das Mehl mit den Nüssen, dem Kaffeepulver, dem Backpulver, dem Safran, dem Zimt, den Nelken und dem Salz vermischen. Die Mehlmischung über die Eimasse sieben und alles zu einem geschmeidigen Teig verrühren.

4 Den Teig in eine mit Backpapier ausgelegte Springform füllen, glatt streichen und im Ofen etwa 45 Minuten backen (Stäbchenprobe machen, siehe Tipp Seite 12). Nach dem Backen den Rand der Springform abnehmen und den Kuchen auskühlen lassen. Dann den Kuchen vom Formboden lösen.

5 Für den Guss den Puderzucker mit dem Espresso dickflüssig anrühren, bei Bedarf etwas mehr Puderzucker dazugeben. Den Kuchen auf ein Kuchengitter legen und den Guss darüberträufeln.

6 Die Kaffeeglasur vollständig trocknen lassen und den Haselnusskuchen servieren.

Engadiner Nusstorte

ZUTATEN FÜR 1 SPRINGFORM (26 CM DURCHMESSER)

Für den Mürbeteig:

400 g Mehl · 180 g Zucker · 1 Prise Salz · 1 TL abgeriebene Schale einer unbehandelten Zitrone · 1 Ei · 200 g kalte Butter

Butter (für die Form) · Mehl (für die Arbeitsfläche)

Für die Füllung:

250 g Zucker · 300 ml Sahne (mindestens 30 % Fett) · 4 EL Honig · 400 g gehackte Haselnüsse · 1 cl Kirschwasser

Für die Teigstreifen:

1 Eigelb · 1 EL Milch

Puderzucker (zum Bestauben)

ZUBEREITUNGSZEIT: 40 MINUTEN
KÜHLZEIT: 30 MINUTEN
BACKZEIT: 45 MINUTEN

1 Für den Teig das Mehl mit dem Zucker, dem Salz und der Zitronenschale auf eine Arbeitsfläche häufen. In die Mitte eine Mulde drücken und das Ei hineingeben. Die Butter in Stücken auf dem Rand der Mulde verteilen.

2 Die Zutaten mit einem Messer gut durchhacken, sodass kleine Teigkrümel entstehen. Anschließend die Krümel rasch zu einem glatten Teig verkneten. Den Teig zu einer Kugel formen und in Frischhaltefolie gewickelt 30 Minuten in den Kühlschrank legen.

3 Für die Füllung den Zucker in einem Topf bei niedriger Hitze unter Rühren schmelzen und karamellisieren. Die Sahne und den Honig einrühren, dann alles aufkochen lassen. Die Nüsse und das Kirschwasser dazugeben. Die Masse gut vermengen und anschließend abkühlen lassen.

4 Den Backofen auf 175 °C (Ober- und Unterhitze) vorheizen.

5 Eine Springform mit Butter einfetten. Gut 1 Drittel des Teigs auf einer bemehlten Arbeitsfläche ausrollen. Die Form damit auskleiden, dabei einen 2 cm hohen Rand formen. Die Nussfüllung auf dem Boden verteilen. 1 weiteres Teigdrittel in der Größe der Form ausrollen und die Nussmasse damit bedecken.

6 Den restlichen Teig dünn ausrollen und in etwa 1,5 cm breite Streifen schneiden. Mit den Teigstreifen ein Gitter auf die Torte legen. Das Eigelb mit der Milch verrühren und das Teiggitter damit bestreichen.

7 Die Torte im Ofen etwa 45 Minuten backen, dabei die Oberfläche in den letzten 10 Minuten mit Alufolie abdecken.

8 Die Engadiner Nusstorte aus dem Ofen nehmen, kurz abkühlen lassen und mit Puderzucker bestaubt servieren.

Mandeltorte
mit Mandelguss

1 Den Backofen auf 200 °C (Ober- und Unterhitze) vorheizen. Eine Springform mit Butter einfetten und mit Mehl bestauben.

2 Für den Boden die Eier trennen. Die Eiweiße mit dem Salz steif schlagen. Die Butter mit dem Zucker und dem Vanillemark schaumig schlagen. Nach und nach die Eigelbe unterrühren und alles zu einer schaumigen Masse aufschlagen.

3 Das Mehl mit dem Backpulver und dem Zimt vermischen und abwechselnd mit der Milch unter die Eigelbmasse rühren. So lange weiterrühren, bis ein geschmeidiger Teig entstanden ist. Bei Bedarf etwas mehr Milch dazugeben. Die Mandeln und die Schokoladenraspel unterrühren, dann den Eischnee unterziehen.

4 Den Teig in die Form geben, glatt streichen und im Ofen etwa 40 Minuten backen (Stäbchenprobe machen, siehe Tipp Seite 12). Den Kuchen aus dem Ofen nehmen, den Rand der Springform lösen und den Kuchen auskühlen lassen.

5 Für den Guss die Butter in einer Pfanne zerlassen und die Mandeln darin unter Rühren wenden, jedoch nicht braun werden lassen. Den Zucker darüberstreuen, schmelzen und karamellisieren. Die Mandelmasse noch heiß auf dem Kuchen verteilen und fest werden lassen.

6 Die Mandeltorte nach Belieben mit zerlassener Butter beträufeln und servieren.

ZUTATEN FÜR 1 SPRINGFORM
(24 CM DURCHMESSER)

Für den Tortenboden:
Butter und Mehl (für die Form)
4 Eier · 1 Prise Salz · 250 g Butter
175 g Zucker · Mark von 1 Vanilleschote
250 g Mehl · 1 TL Backpulver
½ TL Zimt · etwa 120 ml Milch
150 g gemahlene Mandeln
75 g Schokoladenraspel

Für den Guss:
40 g Butter · 100 g gehobelte Mandeln
60 g Zucker
Butter, zerlassen (nach Belieben)

ZUBEREITUNGSZEIT: 30 MINUTEN
BACKZEIT: 40 MINUTEN

Klein & Rund

Apfelküchlein

ZUTATEN FÜR 8 TARTELETTE-FÖRMCHEN (À 10 CM DURCHMESSER)

Für die Mürbeteigböden:

300 g Mehl
50 g Zucker
175 g Butter
1 Ei
Mehl (für die Arbeitsfläche)
Butter (für die Form)
getrocknete Hülsenfrüchte (zum Blindbacken)

Für den Belag:

3 Eier
75 g Zucker
2 Päckchen Vanillezucker
60 g Butter, zerlassen und abgekühlt
100 g Mehl
100 g gemahlene Mandeln
4 kleine Äpfel
2 EL Zitronensaft
Puderzucker (zum Garnieren)

ZUBEREITUNGSZEIT: 30 MINUTEN
KÜHLZEIT: 30 MINUTEN
BACKZEIT: 30 MINUTEN

1 Für den Teig das Mehl und den Zucker in einer Schüssel mischen. Die Butter in Stücken und das Ei dazugeben. Alles zügig zu einem Teig verkneten. Den Teig zu einer Kugel formen und 30 Minuten in den Kühlschrank stellen.

2 Den Backofen auf 180 °C (Ober- und Unterhitze) vorheizen.

3 Für den Belag die Eier mit dem Zucker, dem Vanillezucker und der Butter schaumig verrühren. Das Mehl und die Mandeln unterrühren.

4 Die Äpfel schälen, halbieren und das Kerngehäuse entfernen. Die Äpfel an der gewölbten Seite mehrfach einschneiden und sofort mit Zitronensaft beträufeln.

5 Den Mürbeteig auf einer bemehlten Arbeitsfläche dünn ausrollen. Aus dem Teig Kreise etwas größer als die Förmchen mit einem Ausstecher ausstechen oder mithilfe einer Schablone ausschneiden (Durchmesser etwa 12–14 cm).

6 8 Tarteletteförmchen mit Butter einfetten und mit dem Teig auskleiden, dabei einen Rand hochziehen. Den Teig mit Backpapier bedecken und die Hülsenfrüchten daraufstreuen. Den Mürbeteig im Ofen 10 Minuten blindbacken, dann herausnehmen und die Hülsenfrüchte sowie das Backpapier entfernen.

7 Die Mandelfüllung auf den Mürbeteigböden verteilen und je 1 Apfelhälfte mit der Wölbung nach oben hineindrücken. Die Törtchen im Ofen etwa 20 Minuten fertig backen.

8 Die Küchlein herausnehmen, kurz abkühlen lassen, dann aus den Förmchen nehmen. Die Apfelküchlein auskühlen lassen und mit Puderzucker bestaubt servieren.

Marzipanstapel

ZUTATEN FÜR 4 STÜCK

Für die Böden:

200 g Marzipanrohmasse · 120 g Zucker

1 Msp. Mark von einer Vanilleschote

1 Ei · 120 ml Milch

70 g Mehl · 30 g Kakaopulver

Für die Füllung:

300 ml Sahne (mindestens 30 % Fett)

4 EL Kaffeelikör

Kakaopulver (zum Bestauben)

Schokoladenspäne (zum Garnieren)

ZUBEREITUNGSZEIT: 50 MINUTEN
RUHEZEIT: 1 STUNDE
BACKZEIT: 7 MINUTEN

1 Für die Böden das Marzipan hacken und mit dem Zucker, dem Vanillemark, dem Ei und der Milch mit einem Schneebesen glatt rühren. Das Mehl und den Kakao über die Marzipanmasse sieben und unterziehen.

2 Den Teig durch ein feines Sieb streichen und etwa 1 Stunde ruhen lassen.

3 Den Backofen auf 180 °C (Umluft) vorheizen.

4 Ein Backblech, wenn möglich 2 oder 3 Backbleche, mit Backpapier auslegen. Einen Metallring (etwa 10 cm Durchmesser) auf das Backpapier legen. Etwa 2 Esslöffel des Teigs in den Ring geben und glatt streichen. Den Metallring entfernen und damit weitere Teigkreise mit dem restlichen Teig auf dem Backblech formen. Einige Zentimeter Abstand zwischen den Kreisen einhalten. Alternativ dazu Kreise mit 10 cm Durchmesser auf das Backpapier zeichnen und jeweils 2 Esslöffel Teig gleichmäßig darin verteilen. Der Teig sollte insgesamt etwa 24 Teigkreise ergeben, pro Stapel etwa 6 Stück.

5 Das Backblech oder die Bleche in den Ofen schieben. Die Teigkreise 6–7 Minuten backen, herausnehmen und sofort vorsichtig mit einer Palette oder einem Pfannenwender vom Backpapier lösen. Die Böden auf eine Arbeitsfläche legen und auskühlen lassen.

6 Für die Füllung die Sahne mit dem Likör schnittfest schlagen. Alle Böden mit der Sahne bestreichen und aufeinandersetzen. Die Sahne auf dem obersten Boden mit Kakao bestauben.

7 Die Marzipanstapel mit Schokoladenspänen garniert servieren.

Pflaumentorteletts
mit Quark-Grieß-Teig

1 Den Ofen auf 200 °C (Umluft) vorheizen.

2 Die Pflaumen waschen, halbieren und den Kern entfernen.

3 Die Eier trennen. Die Eiweiße steif schlagen. Die Eigelbe mit dem Zucker und dem Vanillezucker sehr cremig schlagen, anschließend mit dem Quark sowie der Zitronenschale verrühren. Den Grieß mit dem Backpulver mischen und unter die Quarkmasse rühren, dann den Eischnee unterheben.

4 4 Tarteletteförmchen mit Butter einfetten. Den Quark-Grieß-Teig in die Förmchen füllen. Die Pflaumen darauf verteilen und leicht schräg in den Teig drücken.

5 Die Mandeln über die Torteletts streuen, mit etwas Puderzucker bestauben und die Törtchen im Ofen etwa 35 Minuten goldbraun backen.

6 Die Pflaumentorteletts aus dem Ofen nehmen und vor dem Servieren nochmals mit Puderzucker bestauben.

ZUTATEN FÜR 4 TARTELETTEFÖRMCHEN (À 12 CM DURCHMESSER)

650 g Pflaumen · 3 Eier · 50 g Zucker

2 EL Vanillezucker · 400 g Magerquark

1 Msp. abgeriebene Schale von einer unbehandelten Zitrone

50 g Grieß · 1 TL Backpulver

Butter (für die Förmchen)

40 g gehobelte Mandeln

Puderzucker (zum Bestauben)

ZUBEREITUNGSZEIT: 25 MINUTEN
BACKZEIT: 35 MINUTEN

TIPP

Statt Pflaumen können Sie auch andere Früchte wie Kirschen, Mirabellen oder verschiedene Beeren verwenden und vor dem Backen in den Teig drücken.

Beerenküchlein

ZUTATEN FÜR 2 RUNDE UND 2 RECHTECKIGE TARTELETTEFÖRMCHEN

Für den Mürbeteig:

220 g Mehl

1 Ei

50 g Zucker

120 g kalte Butter

Butter (für die Förmchen)

Mehl (für die Arbeitsfläche)

getrocknete Hülsenfrüchte (zum Blindbacken)

Für die Füllung:

180 g gemischte Beeren (z. B. Himbeeren, Brombeeren und Johannisbeeren)

Puderzucker (zum Bestauben)

Melisseblättchen (zum Garnieren)

ZUBEREITUNGSZEIT: 30 MINUTEN
KÜHLZEIT: 30 MINUTEN
BACKZEIT: 20 MINUTEN

1 Für den Teig das Mehl auf eine Arbeitsfläche häufen. In die Mitte eine Mulde drücken und das Ei hineingeben. Den Zucker und die Butter in Stücken auf dem Rand der Mulde verteilen.

2 Die Zutaten mit einem Messer gut durchhacken, sodass kleine Teigkrümel entstehen. Anschließend die Krümel rasch zu einem glatten Teig verkneten. Den Teig zu einer Kugel formen und in Frischhaltefolie gewickelt 30 Minuten in den Kühlschrank legen.

3 Den Backofen auf 180 °C (Ober- und Unterhitze) vorheizen.

4 2 runde und 2 eckige Tarteletteförmchen mit Butter einfetten. Den Teig auf einer bemehlten Arbeitsfläche dünn ausrollen. Für die runden Förmchen Kreise mit 12–14 cm Durchmesser (je nach Höhe der Förmchen) ausstechen. Mit den Teigkreisen die runden Förmchen auskleiden, dabei auch den Rand mit Teig bedecken. Für die eckigen Förmchen eckige Teigstücke etwas größer als die Förmchen ausschneiden und damit den Boden und den Rand der Förmchen auskleiden. Die Teigreste für die Teiggitter beiseitelegen.

5 Den Mürbeteig in den Förmchen mit Backpapier bedecken und die Hülsenfrüchte darauf verteilen. Den Mürbeteig im Ofen 10–12 Minuten blindbacken, bis er leicht gebräunt ist.

6 In der Zwischenzeit die Teigreste rasch zusammenkneten, auf wenig Mehl erneut ausrollen und in 1 cm breite Streifen schneiden. Die Förmchen aus dem Ofen nehmen, die Hülsenfrüchte und das Backpapier entfernen.

7 Für die Füllung die Beeren verlesen, putzen und bei Bedarf waschen. Die Beeren auf den Mürbeteigböden verteilen und mit den Teigstreifen ein Gittermuster darüberlegen.

8 Die Küchlein erneut im Ofen weitere 5–8 Minuten fertig backen, herausnehmen, kurz abkühlen lassen und aus den Förmchen nehmen. Anschließend die Küchlein vollständig auskühlen lassen.

9 Die Beerenküchlein mit Puderzucker bestauben und mit Melisseblättchen garniert servieren.

Baisertörtchen

ZUTATEN FÜR 4 STÜCK

Für die Baisertörtchen:

4 Eiweiß

250 g Zucker

2 cl Himbeergeist

3 TL Maisstärke

Für die Schokoladencreme:

150 g dunkle Schokolade

40 g Butter

70 ml Sahne (mindestens 30 % Fett)

Für den Belag:

200 g frische, reife Himbeeren

Puderzucker (zum Bestauben)

Minzeblättchen (zum Garnieren)

ZUBEREITUNGSZEIT: 30 MINUTEN
BACKZEIT: 40 MINUTEN

1 Den Ofen auf 140 °C (Ober- und Unterhitze) vorheizen.

2 Die Eiweiße leicht steif schlagen. Dann 3 Esslöffel Wasser dazugeben, weiterschlagen und dabei den Zucker einrieseln lassen, anschließend nacheinander den Himbeergeist und die Stärke einrühren. Das Baiser soll glänzen und Spitzen ziehen.

3 Die Baisermasse in 8 Kreisen auf ein mit Backpapier belegtes Backblech verteilen, leicht glatt streichen und im Ofen etwa 40 Minuten backen. Die Baiserböden im Ofen vollständig auskühlen lassen.

4 Für die Schokoladencreme die Schokolade in Stücke brechen, in eine Metallschüssel geben und auf einem heißen Wasserbad (siehe Tipp Seite 32) vorsichtig schmelzen. Die Butter in kleinen Stückchen mit dem Schneebesen unter die geschmolzene Schokolade rühren und alles kurz abkühlen lassen. Die Sahne steif schlagen und, sobald die Schokolade abgekühlt ist, unter die Schokolade heben.

5 Die Schokoladencreme in einen Spritzbeutel mit kleiner Sterntülle füllen und auf die Hälfte der Baiserböden auftragen. Die anderen Baiserböden darauflegen und leicht andrücken.

6 Die Himbeeren verlesen und die Baisertörtchen damit belegen. Die Baisertörtchen mit Puderzucker bestauben und mit Minze garniert servieren.

TIPP

Die Baisertörtchen sollen weniger backen, sondern im Ofen trocknen. Damit weniger Feuchtigkeit im Ofen bleibt, lassen Sie die Backofentür einen Spaltbreit offen. So wird das Baiser knusprig und klebt nicht.

Preiselbeertörtchen
mit Nugat-Zimt-Sahne

ZUTATEN FÜR 6 TÖRTCHEN
(À 6–7 CM DURCHMESSER)

Für die Nugatsahne:

40 g dunkler Nugat

etwa 150 ml Sahne (mindestens 30 % Fett)

Für den Biskuit:

6 Eier

1 Prise Salz

150 g Zucker

125 g Mehl

25 g Speisestärke

Zucker (zum Bestreuen)

Für die Füllung:

200 g Preiselbeerkonfitüre

etwa 350 ml Sahne (mindestens 30 % Fett)

1 Msp. Zimt

1 TL Puderzucker

Für die Garnitur:

3–4 EL frische Preiselbeeren oder rote Johannisbeeren

1 Eiweiß

Melisseblättchen

2–3 EL Zucker

ZUBEREITUNGSZEIT: 1 STUNDE
BACKZEIT: 12 MINUTEN
KÜHLZEIT: 2 STUNDEN

1 Den Nugat hacken und in einem kleinen Topf mit 4 Esslöffeln Sahne unter Rühren schmelzen. Die Nugat-Sahne-Mischung in eine Schüssel geben, die restliche kalte Sahne unterrühren und im Kühlschrank mindestens 1 Stunde durchkühlen.

2 Den Backofen auf 200 °C (Ober- und Unterhitze) vorheizen.

3 Für den Biskuit die Eier trennen. Die Eiweiße mit dem Salz steif schlagen. Die Eigelbe mit dem Zucker cremig rühren. Den Eischnee auf die Eigelbcreme geben. Das Mehl sowie die Stärke darübersieben und alles vorsichtig unterheben.

4 Den Teig gleichmäßig auf ein mit Backpapier ausgelegtes Backblech streichen und im Ofen etwa 12 Minuten backen. Ein sauberes Geschirrtuch mit Zucker bestreuen. Den Biskuit aus dem Ofen nehmen und auf das Tuch stürzen. Das Backpapier abziehen und den Biskuit auskühlen lassen.

5 Für die Füllung die Preiselbeerkonfitüre in einem kleinen Topf leicht erwärmen. Aus dem Biskuit 18 Kreise mit 6–7 cm Durchmesser ausstechen. Von den Biskuitkreisen 6 Stück großzügig mit der Konfitüre bestreichen und beiseitelegen. Weitere 6 Biskuitkreise nur dünn mit der Preiselbeerkonfitüre bestreichen. Die restlichen Biskuitkreise so belassen.

6 Die Nugatsahne aus dem Kühlschrank nehmen und steif schlagen, anschließend in einen Spritzbeutel mit Lochtülle geben und kreisförmig auf die dünn bestrichenen Biskuitböden spritzen. Jeweils 1 unbestrichenen Biskuitkreis daraufsetzen und leicht andrücken.

7 Die Sahne schlagen, dabei den Zimt und den Puderzucker dazugeben. Die Zimtsahne in einen Spritzbeutel mit Lochtülle geben und auf die unbestrichenen Biskuitkreise auftragen. Die übrigen Biskuitböden mit der dickeren Konfitüreschicht auf die Zimtsahne setzen und die Törtchen 1 Stunde kalt stellen.

8 Für die Garnitur die Preiselbeeren waschen und trocken tupfen. Das Eiweiß verquirlen. Die Beeren und die Melisseblättchen durch das Eiweiß ziehen und in dem Zucker wenden. Die Biskuittörtchen mit den gezuckerten Beeren und den Melisseblättchen garniert servieren.

Cremetörtchen
mit roten Johannisbeeren

ZUTATEN FÜR 1 MUFFINBLECH MIT 12 MULDEN

Für die Törtchen:

150 g weiche Butter · 150 g Zucker · 3 Eier · abgeriebene Schale und Saft von 1 unbehandelten Limette · 150 g Mehl · ½ TL Backpulver · 2 EL Kokosraspel

Butter und Mehl (für die Form)

Für den Belag und die Garnitur:

1 Päckchen Götterspeise Zitrone (für 250 ml Flüssigkeit)

1 EL Zucker · 1 Päckchen Vanillezucker

150–200 g weiße Schokolade

150 g Frischkäse · ½ TL abgeriebene Schale einer unbehandelten Zitrone

Johannisbeeren

ZUBEREITUNGSZEIT: 25 MINUTEN
BACKZEIT: 20 MINUTEN

1 Den Ofen auf 180 °C (Umluft) vorheizen.

2 Die Butter mit dem Zucker schaumig schlagen. Die Eier mit der Limettenschale und dem Limettensaft verquirlen und zusammen mit dem Mehl, dem Backpulver und den Kokosraspeln unter die Buttermischung rühren.

3 Die Mulden eines Muffinblechs mit Butter einfetten und mit Mehl bestreuen. Den Teig einfüllen und im Ofen etwa 20 Minuten goldbraun backen (Stäbchenprobe machen, siehe Tipp Seite 12). Die Muffins aus dem Ofen nehmen und auskühlen lassen.

4 Für die Creme die Götterspeise mit 125 ml Wasser verrühren und 10 Minuten ziehen lassen. Den Zucker und den Vanillezucker dazugeben. Alles erwärmen, nicht kochen, und das Pulver auflösen. Die Masse im Kühlschrank fest werden lassen.

5 Die Schokolade hacken, in eine Metallschüssel geben und auf einem heißen Wasserbad (siehe Tipp Seite 32) schmelzen. Die Schokolade kurz abkühlen lassen und mit einer Palette oder einem breiten Messer 1–2 mm dick auf Alufolie verstreichen. Einen runden Ausstecher mit Wellenrand erwärmen, der Durchmesser sollte etwas größer sein als die Muffins. Wenn die Schokolade beginnt, fest zu werden, mit dem Ausstecher 12 Kreise aus der Schokolade stechen.

6 Die Götterspeise mit dem Frischkäse und der Zitronenschale verrühren. Die Masse in einen Spritzbeutel mit Sterntülle geben. 1 kleinen Klecks der Creme auf jeden Muffin geben und je 1 Schokoladenkreis darauflegen. Mit der restlichen Creme die Törtchen verzieren.

7 Die Johannisbeeren waschen, von den Rispen zupfen und die Cremetörtchen vor dem Servieren damit garnieren.

Karotten-Nuss-Törtchen

1 Den Backofen auf 180 °C (Umluft) vorheizen.

2 Die Karotten schälen, putzen und raspeln. Die Eier trennen. In einer Schüssel die Eigelbe mit 1 Drittel des Zuckers, dem Salz und der Zitronenschale schaumig rühren. Die Eiweiße steif schlagen, dabei den restlichen Zucker einrieseln lassen und weiterschlagen, bis der Eischnee glänzt und Spitzen zieht. Die Nüsse mit 2 Dritteln der Mandeln, dem Mehl und den Karottenraspeln vermischen.

3 1 Drittel des Eischnees sorgfältig unter die Eigelbmasse heben. Dann den übrigen Eischnee daraufgeben und die Nuss-Karotten-Mischung darüberstreuen. Alles mit einem Holzlöffel vorsichtig unter den Teig ziehen.

4 Eine Springform mit Butter einfetten und mit Mehl bestreuen. Den Teig in die Springform füllen, glatt streichen und im Ofen etwa 1 Stunde backen. Die Form aus dem Ofen nehmen und den Kuchen über Nacht in der Form auskühlen lassen.

5 Den Kuchen aus der Form lösen und einmal quer halbieren. Mit einem runden Ausstecher (6–7 cm Durchmesser) 12 Kreise aus den beiden Böden ausstechen.

6 Für die Füllung den Mascarpone mit dem Vanillesirup verrühren und nach Belieben mit 1–2 Teelöffeln Zucker süßen. Die Sahne steif schlagen und unterheben.

7 Die Hälfte der Böden hauchdünn mit etwas Mascarponecreme bestreichen. Die restliche Creme auf die restlichen Böden verteilen, glatt streichen und je einen dünn bestrichenen Boden als Deckel darauflegen.

8 Für den Belag den Fondant auf einer mit Puderzucker bestreuten Arbeitsfläche 2 mm dick ausrollen. Mit dem gleichen Ausstecher wie für die Böden 6 Kreise aus der Masse stechen. Je 1 Fondantkreis auf 1 Törtchen legen.

9 Die Karotten-Nuss-Törtchen mit einer Marzipankarotte garniert servieren.

ZUTATEN FÜR 1 SPRINGFORM (22 CM DURCHMESSER) BZW. 6 TÖRTCHEN

Für die Karottenböden:

250 g Karotten · 6 Eier · 250 g Zucker · 1 Msp. Salz
abgeriebene Schale von 1 unbehandelten Zitrone
300 g gehackte Haselnüsse
6 EL gehackte Mandeln · 100 g Mehl
Butter und Mehl (für die Form)

Für die Füllung:

75 g Mascarpone · 2 EL Vanillesirup · Zucker (nach Belieben) · 100 ml Sahne (mindestens 30 % Fett)

Für den Belag und die Garnitur:

100 g weißer Rollfondant · Puderzucker (für die Arbeitsfläche) · 6 Marzipankarotten

ZUBEREITUNGSZEIT: 1 STUNDE 15 MINUTEN
BACKZEIT: 1 STUNDE
RUHEZEIT: 12 STUNDEN

Heidelbeertartelettes
mit Vanillecreme

ZUTATEN FÜR
8 TARTELETTEFORMEN
(À 10 CM DURCHMESSER)

Für die Mürbeteigböden:

250 g Mehl

1 Prise Salz

1 Eigelb

125 g kalte Butter

Butter (für die Formen)

getrocknete Hülsenfrüchte (zum Blindbacken)

Für die Füllung:

300 g Heidelbeeren

2 Eiweiß

4 Eigelb

3 EL Zucker

3 EL Vanillesirup

2 Päckchen Vanillezucker

1 TL abgeriebene Schale einer unbehandelten Zitrone

2 EL Zitronensaft

40 g Mehl

1 EL Speisestärke

75 g gemahlene Mandeln

Für die Baisertupfen:

3 Eiweiß

120 g Puderzucker

ZUBEREITUNGSZEIT: 45 MINUTEN
KÜHLZEIT: 1 STUNDE
BACKZEIT: 30 MINUTEN

1 Für den Mürbeteig das Mehl mit dem Salz mischen und auf eine Arbeitsfläche häufen. In die Mitte eine Mulde drücken und das Eigelb hineingeben. Die Butter in Stücken auf dem Rand der Mulde verteilen.

2 Die Zutaten mit einem Messer gut durchhacken, sodass kleine Teigkrümel entstehen. Anschließend die Krümel rasch zu einem glatten Teig verkneten. Den Teig zu einer Kugel formen und in Frischhaltefolie gewickelt 1 Stunde in den Kühlschrank legen.

3 Den Ofen auf 200 °C (Ober- und Unterhitze) vorheizen.

4 8 Tarteletteformen mit Butter einfetten. Den Teig ausrollen und 8 Kreise etwas größer als die Formen ausschneiden. Mit den Teigkreisen die Formen auskleiden, dabei einen Rand hochziehen. Die Teigböden mehrmals mit einer Gabel einstechen, mit Backpapier belegen und die Hülsenfrüchte darauf verteilen. Den Mürbeteig etwa 10–13 Minuten blindbacken, aus dem Ofen nehmen, die Hülsenfrüchte und das Backpapier entfernen und die Tartelettes etwas abkühlen lassen.

5 Für die Füllung die Heidelbeeren verlesen und waschen.

6 Die Eiweiße steif schlagen. In einer Metallschüssel die Eigelbe mit dem Zucker, dem Vanillesirup und dem Vanillezucker auf einem heißen Wasserbad (siehe Tipp Seite 32) cremig aufschlagen. Die Zitronenschale und den Zitronensaft untermischen. Das Mehl mit der Stärke und den Mandeln vermischen und auf die Eigelbmasse sieben. Den Eischnee darübergeben und alles behutsam unterziehen.

7 Die Masse auf die Mürbeteigböden geben, in die Mitte die Heidelbeeren verteilen. Die Temperatur im Ofen auf 175 °C (Ober- und Unterhitze) reduzieren und die Tartelettes etwa 15 Minuten fertig backen (Stäbchenprobe machen, siehe Tipp Seite 12).

8 Für die Baisertupfen die Eiweiße sehr steif schlagen, dabei nach und nach den Puderzucker einrieseln lassen. Die Tartelettes aus dem Ofen nehmen. Die Baisermasse in einen Spritzbeutel mit Lochtülle füllen und die Tartelettes mit Baisertupfen verzieren. Den Ofen auf Grillfunktion stellen und die Baisermasse etwa 2 Minuten überbacken, bis die Spitzen sich hellbraun färben.

9 Die Heidelbeertartelettes aus dem Ofen nehmen, kurz abkühlen lassen, aus den Formen nehmen und servieren.

Orangentorteletts
mit Baiserhaube

ZUTATEN FÜR 8 TARTELETTEFORMEN (À 10 CM DURCHMESSER)

Für die Mürbeteigböden:

250 g Mehl · 1 Prise Salz · 1 Päckchen Vanillezucker · 1 Eigelb · 125 g kalte Butter

Butter (für die Formen) · Mehl (für die Arbeitsfläche) · getrocknete Hülsenfrüchte (zum Blindbacken)

Für die Füllung:

1 unbehandelte Orange · 5 Eigelb · 1 EL Speisestärke · 5 EL Sahne (mindestens 30 % Fett) · 100 g Puderzucker · 100 ml Orangensaft · 2 Eiweiß

Für die Baiserhaube:

3 Eiweiß · etwa 100 g Puderzucker · ½ TL abgeriebene Schale einer unbehandelten Limette

ZUBEREITUNGSZEIT: 45 MINUTEN
KÜHLZEIT: 1 STUNDE
BACKZEIT: 30 MINUTEN

1 Für den Mürbeteig das Mehl mit dem Salz und dem Vanillezucker mischen und auf eine Arbeitsfläche häufen. In die Mitte eine Mulde drücken und das Eigelb hineingeben. Die Butter in Stücken auf dem Rand der Mulde verteilen. Die Zutaten mit einem Messer gut durchhacken, sodass kleine Teigkrümel entstehen. Anschließend die Krümel rasch zu einem glatten Teig verkneten. Den Teig zu einer Kugel formen und in Frischhaltefolie gewickelt 1 Stunde in den Kühlschrank legen.

2 Den Ofen auf 200 °C (Umluft) vorheizen. 8 Tarteletteformen mit Butter einfetten. Den Teig auf einer bemehlten Arbeitsfläche ausrollen, mit einem Ausstecher 8 Kreise etwas größer als die Formen ausstechen. Die Formen mit den Teigkreisen auslegen, dabei einen Rand hochziehen. Die Böden mehrmals mit einer Gabel einstechen, mit Backpapier bedecken und die Hülsenfrüchte darauf verteilen.

3 Die Teigböden etwa 10 Minuten blindbacken, dann aus dem Ofen nehmen. Die Hülsenfrüchte sowie das Backpapier entfernen und die Böden abkühlen lassen.

4 Für die Füllung die Orange heiß waschen und abtrocknen. Von einer Hälfte Stücke von der Schale abschälen und in dünne Streifen schneiden. Von der anderen Hälfte die Schale abreiben. Die Eigelbe mit der Stärke, der Sahne und 50 g Puderzucker in eine Metallschüssel geben und auf einem heißen Wasserbad (siehe Tipp Seite 32) cremig schlagen. Den Orangensaft und die abgeriebene Orangenschale untermischen. Die Eiweiße steif schlagen, dabei den restlichen Puderzucker einrieseln lassen. Den Eischnee unter die Orangencreme ziehen. Die Masse auf den Böden verteilen.

5 Die Temperatur im Ofen auf 160 °C reduzieren und die Torteletts etwa 15 Minuten fertig backen.

6 Für die Baiserhaube die Eiweiße steif schlagen, dabei fast den gesamten Puderzucker einrieseln lassen. Die Torteletts aus dem Ofen nehmen und die Baisermasse mit einem Löffel darauf verstreichen. Die Baisermasse mit der Limettenschale und den Orangenschalenstreifen bestreuen, dann bei 240 °C (Oberhitze) etwa 5 Minuten überbacken, bis die Spitzen hellbraun werden. Die Orangentorteletts auskühlen lassen, aus den Formen nehmen und mit Puderzucker bestauben.

Karotten-Quitten-Torteletts

1 Für den Mürbeteig das Mehl mit dem Salz, dem Zucker und dem Vanillezucker mischen und auf eine Arbeitsfläche häufen. In die Mitte eine Mulde drücken und das Ei hineingeben. Die Butter in Stücke schneiden und mit der Zitronenschale auf dem Rand der Mulde verteilen. Die Zutaten mit einem Messer gut durchhacken, sodass schon kleine Teigkrümel entstehen. Die Krümel rasch zu einem Teig verkneten.

2 6 Tarteletteformen mit Butter einfetten. Den Teig in gut 6 Portionen teilen, etwas flach drücken und die Formen damit auskleiden, dabei einen Rand hochziehen. Den Teig mit einer Gabel mehrmals einstechen und die Formen 30 Minuten in den Kühlschrank stellen.

3 Für die Füllung die Karotten schälen und in kleine Würfel schneiden. Die Quitte waschen, vierteln, schälen und das Kerngehäuse entfernen. Die Viertel in kleine Würfel schneiden. Die Karotten und die Quitten mit dem Orangensaft, der Zitronenschale und 3 Vierteln vom Zucker in einen Topf geben, alles aufkochen und zugedeckt bei niedriger Hitze in 15–20 Minuten sehr weich kochen.

4 Den Backofen auf 200 °C (Umluft) vorheizen.

5 Die Karotten-Quitten-Mischung mit einem Pürierstab pürieren und lauwarm abkühlen lassen. Das Püree mit dem Lebkuchengewürz, dem Ei und der Sahne verrühren.

6 Die mit Teig ausgelegten Formen aus dem Kühlschrank nehmen. Den Teig mit Backpapier bedecken, die Hülsenfrüchte darauf verteilen und anschließend im Ofen etwa 10 Minuten blindbacken.

7 Die Butter in einer Pfanne zerlassen und die Mandelblättchen darin wenden, aber nicht braun werden lassen. Die Mandeln mit dem restlichen Zucker mischen.

8 Die Törtchen mit dem Karotten-Quitten-Püree füllen, die Mandelmischung darauf verteilen, wieder in den Ofen schieben und etwa 15 Minuten fertig backen.

9 Die Karotten-Quitten-Torteletts herausnehmen, in den Formen abkühlen lassen und vor dem Servieren aus den Formen lösen.

ZUTATEN FÜR 6 TARTELETTEFORMEN (À 12 CM DURCHMESSER)

Für die Mürbeteigböden:

200 g Mehl · 1 Prise Salz · 60 g Zucker

1 EL Vanillezucker · 1 Ei · 80 g kalte Butter

½ TL abgeriebene Schale einer unbehandelten Zitrone

Butter (für die Formen) · getrocknete Hülsenfrüchte (zum Blindbacken)

Für die Füllung und den Belag:

2 große Karotten · 1 Quitte (etwa 250 g) · 125 ml Orangensaft · 1–2 TL abgeriebene Schale einer unbehandelten Zitrone · 150 g Rohrzucker · ¼ TL Lebkuchengewürz · 1 Ei · 2 EL Sahne (mindestens 30 % Fett)

1 EL Butter · 2 EL Mandelblättchen

ZUBEREITUNGSZEIT: 1 STUNDE
KÜHLZEIT: 30 MINUTEN / BACKZEIT: 25 MINUTEN

Schokoladentörtchen
mit Birne

ZUTATEN FÜR 1 SPRINGFORM (26 CM DURCHMESSER) BZW. 8 TÖRTCHEN

Für den Biskuit:

3 Eier · 1 Prise Salz

80 g Zucker · 60 g Mehl

20 g Speisestärke

2 EL Kakaopulver

Für die Creme:

200 g gesüßte Kondensmilch

6 Blatt weiße Gelatine

2 Eigelb

80 g Zucker

Mark von 1 Vanilleschote

2 TL Zimt

½ TL gemahlener Kardamom

1 Prise gemahlene Nelken

250 ml Sahne (mindestens 30 % Fett)

4 EL geriebene Zartbitterschokolade

4–5 eingelegte Birnenhälften (aus dem Glas)

getrocknete Birnenstückchen (zum Garnieren)

ZUBEREITUNGSZEIT: 50 MINUTEN
BACKZEIT: 25 MINUTEN
KÜHLZEIT: 4 STUNDEN

1 Den Backofen auf 180 °C (Ober- und Unterhitze) vorheizen. Eine Springform mit Backpapier auslegen.

2 Für die Creme die Kondensmilch vorab in einem Topf aufkochen und bei mittlerer Hitze unter ständigem Rühren etwa 30 Minuten einköcheln. Die Kondensmilch dann gut auskühlen lassen.

3 Für den Biskuit die Eier trennen. Die Eiweiße mit einer Prise Salz steif schlagen und die Hälfte des Zuckers einrieseln lassen. Den Eischnee weiterschlagen, bis er glänzt und Spitzen zieht, anschließend kühl stellen.

4 Die Eigelbe mit dem restlichen Zucker schaumig schlagen. Den Eischnee auf die Eigelbmasse geben. Das Mehl mit der Stärke und dem Kakao mischen und darübersieben. Alles nach und nach unterheben. Die Masse in die Backform füllen, glatt verstreichen und im Ofen etwa 25 Minuten backen (Stäbchenprobe machen, siehe Tipp Seite 12). Den Biskuit herausnehmen, abkühlen lassen, aus der Form lösen und vollständig erkalten lassen. Mit einem kreisförmigen Ausstecher 8 Kreise (etwa 6 cm Durchmesser) aus dem Biskuitboden ausstechen.

5 Für die Creme die Gelatine in kaltem Wasser einweichen. In einer Metallschüssel die Eigelbe mit dem Zucker, dem Vanillemark, dem Zimt, dem Kardamom und den Nelken auf einem heißen Wasserbad (siehe Tipp Seite 32) schaumig schlagen. Die Creme lauwarm abkühlen lassen. Die Gelatine ausdrücken und mit der Kondensmilch unter die Creme rühren.

6 Die Creme unter Rühren kalt werden lassen. Die Sahne steif schlagen. Wenn die Creme zu gelieren beginnt, die Sahne und die Schokolade unterrühren.

7 Die Birnen gut abtropfen lassen, bei Bedarf etwas trocken tupfen und in kleine Würfel schneiden.

8 Die Creme in einen Spritzbeutel füllen. Um jeden Biskuitkreis einen Metallring legen oder aus Backpapier einen Ring formen. Die Kreise mit Birnenwürfeln belegen und die Creme darauf verteilen. Die Schokoladentörtchen etwa 4 Stunden in den Kühlschrank stellen, dann mit den getrockneten Birnenstückchen garniert servieren.

TIPP

Für ein besonderes Aroma können Sie die Biskuitkreise vor dem Belegen mit etwas Birnenschnaps beträufeln.

Weihnachtsküchlein
mit Schokoladensahne und Sternplätzchen

ZUTATEN FÜR 1 MUFFINFORM MIT 12 MULDEN

Für die Schokoladensahne:

200 ml Schlagsahne
70 g weiße Schokolade
1 Prise gemahlener Kardamom

Für die Sternplätzchen:

120 g Mehl
40 g Zucker
1 TL Vanillezucker
1 Prise Salz
80 g kalte Butter
Mehl (für die Arbeitsfläche)
2–3 EL Himbeerkonfitüre

Für die Küchlein:

2 Eier
120 g Zucker
80 ml Pflanzenöl
150 g Schmand
50 ml Orangensaft
½ unbehandelte Orange
25 g Zartbitterschokolade
1 TL Lebkuchengewürz
300 g Mehl
1 Päckchen Backpulver
100 g gemahlene Haselnüsse
Butter und Mehl (bei Bedarf für die Form)
1–2 EL Zimtzucker
Puderzucker (zum Bestauben)

ZUBEREITUNGSZEIT: 45 MINUTEN
KÜHLZEIT: 1 STUNDE 30 MIUNTEN
BACKZEIT: 32 MINUTEN

1 Den Backofen auf 180 °C (Umluft) vorheizen.

2 Für die Schokoladensahne die Schlagsahne erwärmen. Die weiße Schokolade in Stücke brechen und in der Sahne schmelzen. Die Schokoladensahne mit Kardamom würzen, kurz abkühlen, dann mindestens 1 Stunde in den Kühlschrank stellen.

3 Für die Sternplätzchen das Mehl mit dem Zucker, dem Vanillezucker sowie dem Salz mischen und auf eine Arbeitsfläche häufen. Die Butter in Stücken darüber verteilen und mit einem Messer unterhacken, bis Teigkrümel entstehen. Die Teigkrümel rasch zu einem glatten Mürbeteig verkneten. Den Teig mindestens 30 Minuten in den Kühlschrank stellen.

4 Für die Küchlein die Eier mit dem Zucker schaumig rühren. Dann das Öl, den Schmand und den Orangensaft unterrühren. Die Orange heiß waschen und abtrocknen, dann von 1 Hälfte die Schale abreiben. Die Orange schälen und von 1 Hälfte die Orangenfilets aus den Trennhäuten lösen und das Fruchtfleisch in kleine Würfel schneiden. Die andere Orangenhälfte anderweitig verwenden. Die Schokolade fein hacken. Die Orangenschale, das Fruchtfleisch und die Schokolade mit dem Lebkuchengewürz unter die Eimasse rühren.

5 Das Mehl mit dem Backpulver und den Haselnüssen vermischen. Die Mischung unter die Eimasse heben.

6 Eine Muffinform mit Papierbackförmchen auslegen oder mit Butter einfetten und mit Mehl bestreuen. Die Mulden der Muffinform bis 1 cm unter den Rand mit dem Teig füllen. Jeweils in die Mitte des Teigs etwas Zimtzucker streuen und die Küchlein in etwa 25 Minuten goldbraun backen. Die Küchlein in der Form etwas abkühlen lassen, dann aus der Form nehmen und auf einem Kuchengitter vollständig auskühlen lassen.

7 Den Mürbeteig für die Sterne auf einer bemehlten Arbeitsfläche etwa 0,5 cm dick ausrollen und 24 Sterne ausstechen. Die Sterne auf ein mit Backpapier ausgelegtes Backblech legen und etwa 7 Minuten goldgelb backen. Die Sterne anschließend abkühlen lassen.

8 Die Schokoladensahne schnittfest schlagen, in einen Spritzbeutel mit Sterntülle füllen und auf die Küchlein auftragen.

9 Die Himbeerkonfitüre erhitzen und die Hälfte der Sterne damit bestreichen. Die anderen Sterne daraufsetzen. Die Weihnachtsküchlein mit je 1 Sternplätzchen garnieren, mit Puderzucker bestauben und servieren.

Kastaniencremetörtchen mit Baiser

ZUTATEN FÜR 1 MUFFINFORM MIT 12 MULDEN

Für die Baisers:

4 Eiweiß · 200 g Zucker · 1–2 TL Kakaopulver

Für die Törtchen:

150 g Kastanien, vorgegart · ½ unbehandelte Zitrone
4 Eier · 160 g Zucker · 120 g Mehl · 2 TL Backpulver
150 g Butter, zerlassen
20 ml Nussschnaps oder -likör · ½ Apfel
Butter und Mehl (für die Form)

Für die Kastaniencreme und die Garnitur:

200 g Kastanien, vorgegart · 50 g Zucker
3–6 EL Apfelmus
20 g Butter · 3 EL Zucker · 12 Kastanien, vorgegart

ZUBEREITUNGSZEIT: 1 STUNDE
BACKZEIT: 1 STUNDE 55 MINUTEN

1 Den Backofen auf 130 °C (Ober- und Unterhitze) vorheizen. Ein Backblech mit Backpapier auslegen.

2 Für die Baisers die Eiweiße mit dem Zucker in einer Metallschüssel auf einem heißen Wasserbad (siehe Tipp Seite 32) etwa 7 Minuten zu einer cremig-schaumigen Masse aufschlagen. Die Schaummasse vom Wasserbad nehmen und unter Rühren abkühlen lassen. Die Hälfte der Masse in eine andere Schüssel geben und das Kakaopulver unterheben. Beide Massen in jeweils einen Spritzbeutel mit Sterntülle füllen. Die Baisermassen in etwa 3 cm langen wellenförmigen Streifen auf das Backpapier auftragen. Die Baiserstreifen etwa 1–1 ½ Stunden im Backofen backen.

3 Für die Törtchen die Temperatur im Ofen auf 180 °C erhöhen. Die Kastanien in einer Pfanne goldbraun rösten, dann abkühlen lassen. Etwa 2 Drittel der Kastanien fein reiben, den Rest grob hacken. Die Zitrone heiß waschen, abtrocknen und die Schale abreiben. Die Eier mit dem Zucker schaumig aufschlagen. Das Mehl mit dem Backpulver mischen und abwechselnd mit der zerlassenen Butter unter die Eimasse rühren. Den Nussschnaps und die Zitronenschale untermischen. Den Apfel waschen, schälen und fein raspeln. Den Apfel mit den geriebenen und den gehackten Kastanien locker unter den Teig heben.

4 Eine Muffinform mit Butter einfetten und mit Mehl bestreuen. Die Mulden bis 1 cm unter den Rand mit Teig füllen. Die Törtchen etwa 25 Minuten goldbraun backen und in der Form noch etwas abkühlen lassen, dann aus der Form nehmen und auf einem Kuchengitter ganz auskühlen lassen.

5 Für die Kastaniencreme die Kastanien in einer Pfanne goldbraun rösten, abkühlen lassen und anschließend fein reiben. Den Zucker vorsichtig schmelzen und karamellisieren. Die geriebenen Kastanien gut mit dem Zucker und dem Apfelmus vermengen. Je 1 Klecks Kastanien-Apfelmus auf den Törtchen verteilen und glatt streichen. Die hellen und die dunklen Baisers abwechselnd mit etwas Mus an den Törtchenrand „kleben“.

6 Für die Garnitur die Butter mit dem Zucker schmelzen und die ganzen Kastanien darin glasieren. Die Kastaniencremetörtchen mit je 1 glasierten Kastanie garniert servieren.

Kleine Käsekuchen

1 Auf eine mit Backpapier ausgelegte Platte 8 Metallringe mit etwa 10 cm Durchmesser legen.

2 Für die Böden die Kekse in einen Gefrierbeutel füllen und mit einem Nudelholz zerkleinern. Die Butter mit der Kuvertüre in einem kleinen Topf bei niedriger Hitze unter Rühren schmelzen und mit den Keksbröseln gut vermengen.

3 Die Keksmasse in die Dessertringe füllen und gut andrücken. Die Keksböden etwa 30 Minuten zum Festwerden in den Kühlschrank stellen.

4 Für den Belag die Gelatine in kaltem Wasser einweichen. Den Frischkäse mit dem Vanillejoghurt, dem Zucker und dem Vanillezucker glatt rühren. Die Gelatine tropfnass in einem Topf bei niedriger Hitze auflösen. Etwa 2 Esslöffel der Joghurtcreme in die Gelatine rühren, dann die Gelatinemischung unter die Joghurtcreme ziehen.

5 Die Sahne steif schlagen und unter die Joghurtcreme heben. Die Creme auf die Böden verteilen und glatt streichen. Die Kuchen etwa 1 Stunde zum Festwerden in den Kühlschrank stellen, dann aus den Dessertringen lösen.

6 Für die Garnitur mit einem Hobel Späne von der weißen Kuvertüre abschaben und auf den Kuchen verteilen. Die kleinen Käsekuchen mit den Silberperlen garniert servieren.

ZUTATEN FÜR 8 STÜCK

Für die Böden:

150 g Schokoladenkekse

80 g Butter · 50 g Zartbitterkuvertüre

8 Dessertringe

Für den Belag:

4 Blatt weiße Gelatine

150 g Doppelrahmfrischkäse

150 g Vanillejoghurt · 60 g Zucker

2 TL Vanillezucker

100 ml Sahne (mindestens 30 % Fett)

Für die Garnitur:

50 g weiße Kuvertüre · 1–2 TL Silberperlen

ZUBEREITUNGSZEIT: 45 MINUTEN
KÜHLZEIT: 1 STUNDE 30 MINUTEN

Festlich & Fein

Ostertorte
mit Makronen

ZUTATEN FÜR 1 TORTENRING (24 CM DURCHMESSER)

Für den Boden:

100 g Butter

200 g Waffeln (z. B. Neapolitaner Schnitten) oder Kekse

Für die Makronen:

100–125 g Haselnüsse

2 Eiweiß (65–75 g)

1 Prise Salz

100–125 g Zucker

1 TL Vanillezucker

½–1 TL Zitronensaft

Für die Füllung:

8 Blatt weiße Gelatine

100–150 g Erdbeeren

2 EL Vanillezucker

600 g Joghurt

200 ml Sahne (mindestens 30 % Fett)

75–100 g Zucker

abgeriebene Schale von ½ unbehandelten Zitrone

1 TL Rum

Für die Garnitur:

5 Erdbeeren

5–10 kleine Schokoladen-ostereier

ZUBEREITUNGSZEIT: 1 STUNDE
BACKZEIT: 20 MINUTEN
KÜHLZEIT: 2 STUNDEN

1 Für den Boden die Butter zerlassen, die Waffeln oder Kekse zerbröseln. Die Brösel mit der Butter gut vermengen und die Masse in einen Tortenring drücken. Den Boden zum Festwerden mindestens 1 Stunde in den Kühlschrank stellen.

2 Den Backofen auf 150 °C (Ober- und Unterhitze) vorheizen.

3 Für die Makronen die Haselnüsse in einer Pfanne ohne Fett rösten, abkühlen lassen, dann mahlen.

4 Die Eiweiße mit dem Salz zu Schnee schlagen, dabei den Zucker und den Vanillezucker einrieseln lassen. Dann nach Belieben Zitronensaft unterrühren. Wenn die Masse glänzt und Spitzen zieht, die Nüsse unterheben.

5 Aus der Makronenmasse mit 2 Teelöffeln ovale Makronen formen und auf ein mit Backpapier ausgelegtes Backblech setzen. Etwas Abstand zwischen den Makronen lassen. Die Makronen etwa 20 Minuten hell backen. Sie sollen außen knusprig und innen weich sein. Die Makronen vorsichtig vom Blech nehmen und auf einem Kuchengitter auskühlen lassen.

6 Für die Füllung die Gelatine in kaltem Wasser einweichen. Die Erdbeeren putzen, waschen und in Würfel schneiden. Die Würfel mit dem Vanillezucker bestreuen und ziehen lassen.

7 Den Joghurt mit der Sahne, dem Zucker, der Zitronenschale und dem Rum gut verrühren. Die Gelatine gut ausdrücken und in einem kleinen Topf bei niedriger Hitze auflösen. Die Gelatine mit 2 Esslöffeln der Joghurtcreme vermischen, dann die Gelatinemischung unter die Joghurtcreme rühren. Anschließend die Erdbeerstücke untermengen. Etwa 1 Viertel der Creme auf dem Keksboden verteilen und glatt streichen.

8 Die Makronen am Rand des Tortenrings entlang längs in die Cremefüllung stecken. Die restliche Creme in den Ring geben und glatt streichen. Die Torte mindestens 1 Stunde zum Festwerden in den Kühlschrank stellen.

9 Für die Garnitur die Erdbeeren putzen, waschen, halbieren oder vierteln. Die Torte aus dem Kühlschrank nehmen und den Tortenring entfernen. Die Ostertorte mit den Erdbeerstücken und den Schokoladenostereiern garniert servieren.

Mehrstöckige Beerentorte

ZUTATEN FÜR 30 PERSONEN
BZW. 2 SPRINGFORMEN
(22 CM UND 28 CM DURCHMESSER)

Für den Biskuit:

25 Eier

625 g Zucker

1 Prise Salz

550 g Mehl

75 g Speisestärke

Butter und Semmelbrösel (für die Formen)

Orangenlikör (alternativ Kirschwasser oder Himbeergeist; nach Belieben)

Für die Füllung und die Garnitur:

1 kg gemischte Beeren (z. B. Erdbeeren, Brombeeren, Himbeeren, Heidelbeeren)

1 l Sahne (mindestens 30 % Fett)

100 g Puderzucker

Puderzucker (zum Bestauben)

Blüten

ZUBEREITUNGSZEIT: 1 STUNDE
BACKZEIT FÜR DIE KLEINE BZW. DIE GROSSE FORM: 35 BZW. 45 MINUTEN

1 Den Backofen auf 180 °C (Ober- und Unterhitze) vorheizen.

2 Für den Biskuit die Eier trennen. Die Eigelbe mit der Hälfte des Zuckers schaumig schlagen. Die Eiweiße mit dem Salz steif schlagen, den restlichen Zucker einrieseln lassen. Weiterschlagen, bis die Masse glänzt und Spitzen zieht. Den Eischnee auf die Eigelbmasse geben. Das Mehl mit der Stärke mischen, darübersieben und alles nach und nach unter die Eigelbmasse heben.

3 Den Boden der Springformen mit Butter einfetten und mit Bröseln bestreuen. Die Biskuitmasse auf die beiden Formen verteilen, glatt streichen und die beiden Formen gleichzeitig oder nacheinander im Ofen backen (Die kleine Form etwa 35 Minuten, die große etwa 45 Minuten; Stäbchenprobe machen, siehe Tipp Seite 12). Den Biskuit aus dem Ofen nehmen, in der Form auskühlen lassen.

4 Den Biskuit aus der Form lösen, jeden Boden einmal quer halbieren und nach Belieben mit Orangenlikör beträufeln.

5 Für die Füllung die Beeren waschen, putzen, verlesen und die Erdbeeren je nach Größe halbieren oder vierteln.

6 Die Sahne steif schlagen. Den Puderzucker nach und nach einrieseln lassen. Knapp die Hälfte der Sahne auf 1 großen Biskuitboden verteilen und mit etwa der Hälfte der Beeren bestreuen. Den 2. großen Boden daraufsetzen.

7 Auf den großen Boden 1 kleinen Biskuitboden daraufsetzen und mit der Hälfte der restlichen Sahne bestreichen. Die Hälfte der übrigen Beeren daraufstreuen und mit dem letzten Boden abschließen. Die Torte mit der restlichen Sahne und den übrigen Beeren garnieren und mit Puderzucker bestauben.

8 Die Beerentorte nach Belieben mit Blüten garnieren und servieren.

TIPP

Decken Sie die Böden zum Auskühlen mit Backpapier ab, dann beschweren Sie sie mit einem flachen Teller. So bleiben die Biskuitböden in Form und werden gleichmäßig flach.

Himbeer-Vanille-Charlotte

ZUTATEN FÜR 1 SPRINGFORM
(18 CM DURCHMESSER)

Für die Löffelbiskuits:

6 Eigelb · 120 g Zucker · Mark von ½ Vanilleschote · 4 Eiweiß · 1 Prise Salz · 60 g Speisestärke · 60 g Mehl · Puderzucker (zum Bestauben)

Für die Creme:

12 Blatt weiße Gelatine · 4 Eigelb · 100 g Zucker · 500 ml Milch · 1 Vanilleschote · 500 ml Sahne (mindestens 30 % Fett) · 4 cl Kirschlikör · 4 cl Kirschsaft · 100 g Himbeermark

Für die Garnitur:

250 ml Sahne (mindestens 30 % Fett) · 20 g Zucker · 8 Himbeeren · 20 g Schokoladenraspel

ZUBEREITUNGSZEIT: 1 STUNDE 15 MINUTEN
BACKZEIT: 10 MINUTEN
KÜHLZEIT: 2 STUNDEN

1 Für die Löffelbiskuits die Eigelbe, 1 Viertel des Zuckers und das Vanillemark cremig rühren. Die Eiweiße mit dem Salz zu steifem Schnee schlagen, dabei den restlichen Zucker nach und nach einrieseln lassen. Die Speisestärke sieben und unter den Eischnee heben. Zuerst den Eischnee unter die Eigelbmasse ziehen, dann das gesiebte Mehl.

2 Den Backofen auf 180 °C (Ober- und Unterhitze) vorheizen. Aus Backpapier 5–6 Streifen (8 cm breit und in der Länge eines Backblechs) ausschneiden und auf 2 Backbleche legen. Die Biskuitmasse in einen Spritzbeutel mit Lochtülle füllen und etwa 25 „Löffel" mit 8 cm Länge auftragen. Die „Löffel" mit Puderzucker bestauben und im Ofen gleichzeitig 8–10 Minuten hellbraun backen. Die Löffelbiskuits vorsichtig vom Papier lösen.

3 Für die Creme die Gelatine in kaltem Wasser einweichen. Die Eigelbe und den Zucker cremig rühren. Die Milch mit der aufgeschnittenen Vanilleschote zum Kochen bringen. Die Schote entfernen, das Mark auskratzen. Das Mark in die Milch geben. Die Vanillemilch noch heiß und unter Rühren langsam zur Eigelbmasse gießen. Die Creme in einem Topf unter ständigem Rühren erhitzen, bis sie andickt. Die Gelatine gut ausdrücken und in der Vanillecreme auflösen. Die Creme durch ein feines Sieb passieren und unter Rühren abkühlen lassen, sie soll noch dickflüssig sein.

4 Die Sahne steif schlagen. Die Hälfte der Creme mit der Hälfte der Sahne mischen. Die andere Cremehälfte mit dem Kirschlikör, dem Kirschsaft und dem Himbeermark verrühren, dann die restliche Sahne unterheben.

5 Den Boden einer Springform mit Löffelbiskuits auslegen. Zuerst die Himbeercreme in die Form streichen, dann die Vanillecreme in einen Spritzbeutel mit Lochtülle füllen und punktweise in die noch weiche Himbeercreme geben. Die Charlotte 2 Stunden im Kühlschrank fest werden lassen.

6 Die Charlotte aus der Form lösen und auf eine Platte setzen. Für die Garnitur die Sahne mit dem Zucker steif schlagen. Die Charlotte dünn damit bestreichen. Die übrigen Löffelbiskuits an den Rand drücken. Die restliche Sahne in einen Spritzbeutel mit Sterntülle füllen und 8 Sahnerosetten aufspritzen. Die Rosetten mit jeweils 1 Himbeere garnieren. Die Charlotte mit Schokoladenraspeln garniert servieren.

Erdbeercharlotte

1 Den Backofen auf 180 °C (Ober- und Unterhitze) vorheizen.

2 Für die Löffelbiskuits die Eier trennen. Die Eiweiße mit dem Salz zu steifem Schnee schlagen und kühl stellen. Die Eigelbe mit dem Zucker und dem Vanillezucker cremig rühren. Die Speisestärke sieben und unter den Eischnee heben. Den Eischnee unter die Eigelbmasse ziehen, dann das Mehl.

3 Aus Backpapier 3 Streifen (6 cm breit und in der Länge eines Backblechs) ausschneiden und auf 1 oder 2 Backbleche legen. Die Biskuitmasse in einen Spritzbeutel mit Lochtülle füllen und „Löffel" mit etwa 6 cm Länge auf die Backpapierstreifen spritzen. Die „Löffel" mit Puderzucker bestauben und im Ofen 10–15 Minuten hellbraun backen. Die Löffelbiskuits vorsichtig vom Papier lösen.

4 Eine große Schüssel mit Frischhaltefolie auslegen und die Löffelbiskuits dicht an den Rand und auf den Boden der Schüssel legen.

5 Für die Füllung die Gelatine in kaltem Wasser einweichen. Die Erdbeeren putzen, waschen und 100 g davon in Stücke oder Scheiben schneiden. Die restlichen Beeren pürieren.

6 Die Zitronen auspressen. Die Eier mit dem Zucker und dem Vanillezucker schaumig rühren. Anschließend den Mascarpone, den Quark, den Zitronensaft und den Orangenlikör unterrühren. Die Gelatine tropfnass in einen Topf geben und bei niedriger Hitze auflösen. Von der Quarkcreme 2 Esslöffel mit der Gelatine mischen, die Gelatinemischung dann in die Quarkcreme rühren. Anschließend das Erdbeerpüree unterziehen.

7 Die Sahne steif schlagen und mit den Erdbeerstücken unter die Quarkcreme heben. Die Creme auf die Löffelbiskuits geben und glatt streichen. Falls Löffelbiskuits übrig sind, die restlichen auf der Creme verteilen. Die Charlotte im Kühlschrank 2 Stunden fest werden lassen.

8 Die Charlotte auf eine Platte stürzen. Die Erdbeeren putzen und waschen. Einige in der Mitte der Charlotte platzieren, den Rest in Scheiben schneiden. Die Charlotte mit den Erdbeerscheiben garnieren und mit Puderzucker bestaubt servieren.

ZUTATEN FÜR 1 CHARLOTTE BZW. 6 PERSONEN

Für die Löffelbiskuits:

4 Eier · 1 Prise Salz · 100 g Zucker · 2 TL Vanillezucker · 50 g Speisestärke · 100 g Mehl · Puderzucker (zum Bestauben)

Für die Füllung:

11 Blatt weiße Gelatine · 500 g Erdbeeren
1 ½ Zitronen · 2 Eier · 125 g Zucker
2 EL Vanillezucker · 200 g Mascarpone
500 g Magerquark · 2–4 cl Orangenlikör
200 ml Sahne (mindestens 30 % Fett)
100 g Erdbeeren (zum Garnieren)
etwas Puderzucker (zum Bestauben)

ZUBEREITUNGSZEIT: 45 MINUTEN
BACKZEIT: 15 MINUTEN
KÜHLZEIT: 2 STUNDEN

Erdbeerroulade

ZUTATEN FÜR 1 ROULADE BZW. FÜR 8 SCHEIBEN

Für den Biskuit:

4 Eier

125 g Zucker

1 Prise Salz

100 g Mehl

50 g Speisestärke

Zucker (für das Tuch)

Für die Füllung:

300 g Erdbeeren

80 g Zucker

2 EL Zitronensaft

300 ml Sahne (mindestens 30 % Fett)

2 Päckchen Vanillezucker

2 Päckchen Sahnesteif

200 g Magerquark

Minzeblättchen (zum Garnieren)

ZUBEREITUNGSZEIT: 40 MINUTEN
BACKZEIT: 12 MINUTEN
KÜHLZEIT: 3 STUNDEN

1 Den Ofen auf 200 °C (Ober- und Unterhitze) vorheizen.

2 Die Eier trennen. Die Eigelbe mit der Hälfte des Zuckers schaumig schlagen. Die Eiweiße mit dem Salz steif schlagen, dabei den restlichen Zucker einrieseln lassen. Den Eischnee weiterschlagen, bis die Masse glänzt und Spitzen zieht. Den Eischnee auf die Eigelbmasse geben. Das Mehl mit der Stärke mischen, darübersieben und alles nach und nach unterziehen. Die Masse auf ein mit Backpapier ausgelegtes Backblech streichen und im Ofen 10–12 Minuten backen.

3 Den Biskuitboden aus dem Ofen nehmen und auf ein sauberes, leicht feuchtes und mit Zucker bestreutes Küchentuch stürzen. Das Backpapier abziehen und den Biskuit mithilfe des Tuchs längs aufrollen.

4 Für die Füllung die Erdbeeren putzen, waschen, halbieren und mit dem Zucker und dem Zitronensaft mischen. Die Sahne mit dem Vanillezucker und dem Sahnesteif schnittfest schlagen. Von der Sahne 4 Esslöffel für die Garnitur beiseitestellen, den Rest unter den Quark heben.

5 Die Biskuitrolle auf dem Tuch wieder vorsichtig flach drücken und mit der Quarkcreme bestreichen. Die Erdbeerhälften bis auf 8 Stück darauf verteilen. Mithilfe des Küchentuches den Biskuit zu einer Roulade einrollen.

6 Die Roulade mit der Naht nach unten auf eine Kuchenplatte legen, mit der restlichen Sahne bestreichen und mit den übrigen Erdbeerhälften belegen.

7 Die Roulade mindestens 3 Stunden in den Kühlschrank stellen, dann mit Minze garniert servieren.

Biskuittorte
mit Apfel-Pfirsich-Gelee

ZUTATEN FÜR 1 SPRINGFORM (26 CM DURCHMESSER)

Für den Biskuit:

5 Eier

120 g Zucker

1 Prise Salz

80 g Mehl

40 g Speisestärke

Für den Belag und die Garnitur:

300 ml Sahne (mindestens 30 % Fett)

1 Päckchen Sahnesteif

2 EL Puderzucker

3 reife Äpfel (z. B. Boskop)

2 TL Zitronensaft

3 reife Pfirsiche

6 Blatt weiße Gelatine

300 ml Apfelsaft

½ TL Zimt

150 g Vollmilchkuvertüre

ZUBEREITUNGSZEIT: 45 MINUTEN
BACKZEIT: 35 MINUTEN
KÜHLZEIT: 3 STUNDEN

1 Den Backofen auf 180 °C (Ober- und Unterhitze) vorheizen.

2 Die Eier trennen. Die Eigelbe mit der Hälfte des Zuckers schaumig schlagen. Die Eiweiße mit dem Salz steif schlagen, dabei den restlichen Zucker einrieseln lassen. Weiterschlagen, bis der Eischnee glänzt und Spitzen zieht. Den Eischnee auf die Eigelbmasse geben. Das Mehl mit der Stärke mischen, darübersieben und alles nach und nach unter die Eigelbmasse rühren.

3 Die Masse in eine mit Backpapier ausgelegte Springform füllen, glatt streichen und im Ofen 30–35 Minuten backen (Stäbchenprobe machen, siehe Tipp Seite 12). Den fertigen Boden aus dem Ofen nehmen, aus der Form lösen und vollständig erkalten lassen.

4 Für den Belag die Sahne mit dem Sahnesteif und dem Puderzucker schnittfest schlagen und mindestens 1 Stunde kalt stellen.

5 Die Äpfel schälen, vierteln und vom Kerngehäuse befreien. Die Viertel in kleine Stücke schneiden und mit dem Zitronensaft mischen. Die Pfirsiche mit heißem Wasser überbrühen, mit kaltem Wasser abschrecken und die Haut entfernen. Die Pfirsiche halbieren, von den Kernen befreien und das Fruchtfleisch ebenfalls in kleine Stücke schneiden.

6 Die Gelatine in kaltem Wasser einweichen. Den Apfelsaft in einem Topf erwärmen. Die Apfelstücke und den Zimt dazugeben und alles 5 Minuten bei mittlerer Hitze köcheln lassen. Die Pfirsiche unterrühren. Die Gelatine gut ausdrücken, unter die Apfel-Pfirsich-Mischung rühren und auflösen lassen.

7 Um den Biskuit einen Tortenring oder den Rand einer Springform legen. Die Fruchtmischung auf dem Boden verteilen, dann kurz abkühlen lassen. Die gekühlte Sahne darauf verteilen, glatt streichen und die Torte zum Festwerden mindestens 2 Stunden in den Kühlschrank stellen.

8 Die Kuvertüre hacken und in einer Metallschüssel auf einem heißen Wasserbad (siehe Tipp Seite 32) schmelzen. Die Schüssel vom Herd nehmen und die Schokolade abkühlen lassen. Den Tortenring von der Torte lösen, die noch flüssige Schokolade mit einem Löffel darüber verteilen. Die Schokolade vor dem Servieren auf der Biskuittorte trocknen lassen.

Margarethentorte

ZUTATEN FÜR 1 MARGARETHENKUCHENFORM (26 CM DURCHMESSER)

Für den Kuchen:

6 Eier · 100 g Marzipanrohmasse · 1 unbehandelte Orange · 200 g weiche Butter · Mark von ½ Vanilleschote · 140 g Zucker · 80 g Speisestärke · 120 g Mehl

Butter und Semmelbrösel (für die Form)

Für den Guss:

150 g Aprikosenkonfitüre · 200 g Puderzucker

3 EL Orangenlikör

Für die Garnitur:

100–150 g Marzipanrohmasse · 50–75 g Puderzucker · gelbe Lebensmittelfarbe (nach Belieben)

ZUBEREITUNGSZEIT: 30 MINUTEN
TROCKENZEIT: 30 MINUTEN
BACKZEIT: 60 MINUTEN

1 Den Backofen auf 180 °C (Ober- und Unterhitze) vorheizen.

2 Für den Kuchen die Eier trennen. Die Eiweiße steif schlagen und den Eischnee kühl stellen.

3 Das Marzipan in Stücke schneiden. Die Orange heiß waschen, abtrocknen und die Schale abreiben. Für den Guss etwa 2 Esslöffel Saft auspressen.

4 Die Butter und die Eigelbe cremig rühren, dabei nach und nach das Marzipan, die Orangenschale, das Vanillemark und den Zucker einrühren. Den Eischnee auf die Eigelbmasse häufen. Die Stärke mit dem Mehl mischen und darübersieben.

5 Eine Margarethenkuchenform mit Butter einfetten und mit Bröseln bestreuen. Den Teig in die Form füllen, glatt streichen und 45–60 Minuten goldbraun backen. Den Kuchen aus dem Ofen nehmen und etwas abkühlen lassen.

6 Für den Guss die Aprikosenkonfitüre erhitzen und den Kuchen damit bestreichen. Die Konfitüre etwa 30 Minuten trocknen lassen. Den Puderzucker sieben und mit dem Orangensaft sowie dem Orangenlikör verrühren. Es soll eine dickflüssige Mischung sein. Den Kuchen damit glasieren.

7 Für die Garnitur die Marzipanrohmasse mit gesiebtem Puderzucker und nach Belieben mit der Speisefarbe verkneten. Dann die Masse gleichmäßig ausrollen und so viele Blütenblätter ausschneiden, wie auf der Form zu sehen sind.

8 Die Marzipanblätter mit etwas Guss auf die entsprechenden Blütenblätter der Torte „kleben". Die Margarethentorte kurz trocknen lassen, dann servieren.

Napfkuchen mit Zuckerguss

1 Den Ofen auf 180 °C (Umluft) vorheizen. Eine Napfkuchenform mit Butter einfetten und mit Mehl bestreuen.

2 Das Mehl in eine Schüssel sieben und in der Mitte eine Mulde formen. Die Hefe mit 2 Esslöffeln Milch verrühren und darin auflösen. Die Hefemilch in die Mulde gießen, mit etwas Mehl zu einem Vorteig verrühren und zugedeckt etwa 30 Minuten gehen lassen.

3 Die Eier mit der Butter, der restlichen Milch und dem Zucker zum Vorteig in die Schüssel geben und alles zu einem mittelfesten Teig verkneten.

4 Den Hefeteig in die Form füllen, etwa 15 Minuten gehen lassen und im Backofen etwa 50 Minuten backen (Stäbchenprobe machen, siehe Tipp Seite 12). Den Napfkuchen abkühlen lassen, dann aus der Form stürzen.

5 Für die Glasur den Puderzucker mit etwa 2 Esslöffeln Wasser anrühren. Bei Bedarf mehr Puderzucker oder Wasser dazugeben, die Glasur soll dickflüssig sein. Den Napfkuchen damit bepinseln und trocknen lassen.

6 Die Schokolade in Stücke brechen und in einer Metallschüssel auf einem heißen Wasserbad (siehe Tipp Seite 32) schmelzen, dann abkühlen lassen. Den Napfkuchen mit der Schokolade überziehen und vor dem Servieren trocknen lassen.

ZUTATEN FÜR 1 NAPFKUCHENFORM

Für den Kuchen:
Butter und Mehl (für die Form)
500 g Mehl
20 g frische Hefe
etwa 200 ml lauwarme Milch
2 Eier · 50 g Butter
50 g Zucker

Für die Glasur:
etwa 150 g Puderzucker
50 g Zartbitterschokolade

ZUBEREITUNGSZEIT: 30 MINUTEN
GEHZEIT: 45 MINUTEN
BACKZEIT: 50 MINUTEN

Herztorte
mit Vanille-Mascarpone-Creme

ZUTATEN FÜR
1 HERZFORM (28 CM)

Für den Biskuit:

6 Eier

180 g Zucker

1 Päckchen Vanillezucker

1 Prise Salz

80 g Mehl

60 g Speisestärke

60 g Kakaopulver

2 TL Instant-Kaffeepulver

Butter und Mehl (für die Form)

Für die Creme und die Garnitur:

350 ml Milch

Mark von 1 Vanilleschote

1 Päckchen Vanillepuddingpulver (für 500 ml Flüssigkeit)

40 g Zucker

1 Päckchen Vanillezucker

250 g Mascarpone

1–2 EL Orangenlikör

4 EL Orangenmarmelade

50 g Mandelblättchen

Puderzucker

Kakaopulver

Herzschablonen

ZUBEREITUNGSZEIT: 1 STUNDE
BACKZEIT: 30 MINUTEN
KÜHLZEIT: 2 STUNDEN
30 MINUTEN

1 Den Backofen auf 175 °C (Ober- und Unterhitze) vorheizen.

2 Die Eier trennen. Die Eigelbe mit der Hälfte des Zuckers und dem Vanillezucker schaumig rühren. Die Eiweiße mit dem Salz steif schlagen, dabei den restlichen Zucker einrieseln lassen. Weiterrühren, bis der Eischnee glänzt und Spitzen zieht. Den Eischnee auf die Eigelbmasse geben. Das Mehl mit der Speisestärke und dem Kakaopulver über die Eimasse sieben. Das Kaffeepulver dazugeben und alles unterheben.

3 Eine Herzform mit Butter einfetten und mit Mehl bestreuen. Die Masse in die Form geben, glatt streichen und im Ofen 25–30 Minuten backen (Stäbchenprobe machen, siehe Tipp Seite 12). Den Biskuit aus dem Ofen nehmen, leicht abkühlen lassen, dann vorsichtig aus der Form lösen, auf ein Kuchengitter stürzen und etwa 30 Minuten vollständig erkalten lassen.

4 Für die Creme 300 ml Milch mit dem Vanillemark aufkochen. Die übrige Milch mit dem Puddingpulver, dem Zucker und dem Vanillezucker glatt rühren. Die Puddingmischung in die kochende Milch rühren, einmal aufkochen. Den Mascarpone und den Orangenlikör unterziehen und alles zugedeckt abkühlen lassen, dabei gelegentlich umrühren, damit sich keine Haut bildet.

5 Die Marmelade in einem kleinen Topf erwärmen. Den Biskuit zweimal quer durchschneiden. Den unteren Boden mit Marmelade bestreichen, den mittleren Boden darauflegen. 2 Drittel der Vanille-Mascarpone-Creme daraufstreichen, mit dem oberen Boden bedecken. Mit der restlichen Creme die Torte außen bestreichen, dann 2 Stunden kalt stellen.

6 Die Mandelblättchen in einer Pfanne ohne Fett rösten, auskühlen lassen und den Tortenrand damit bestreuen. Die Torte mit Puderzucker bestauben. Herzschablonen mit Herzkonturen und kleinen Herzen auf die Torte legen und mit dem Kakaopulver bestauben. Die Schablonen vorsichtig abheben und die Herztorte servieren.

Hochzeitstorte mit Traubendeko

ZUTATEN FÜR 2 SPRINGFORMEN (16 CM UND 20 CM DURCHMESSER)

Für die Tortenböden:

400 g Zartbitterschokolade · 350 g Eiweiß (etwa 12 Stück) · 450 g Zucker · 300 g Butter · 225 g Eigelb (etwa 12 Stück) · 1 TL Vanillearoma · 125 g gemahlene Mandeln · 300 g Mehl

Für die Füllung und die Verzierung:

1 Päckchen Vanillepuddingpulver (für 500 ml Flüssigkeit) · 2–3 EL Zucker · 1 Päckchen Vanillezucker · 500 ml Milch · 50 g Zucker (für den Läuterzucker) · 3 cl Calvados · 2 cl Orangenlikör · 600 g Aprikosenkonfitüre

500 g weiche Butter · 100 g Puderzucker · violette und grüne Lebensmittelfarbe

2 Tortenplatten · 4 Tortendübel (Konditorbedarf)

ZUBEREITUNGSZEIT: 4 STUNDEN
KÜHLZEIT: 3 STUNDEN 30 MINUTEN
BACKZEIT: 1 STUNDE 45 MINUTEN

1 Den Backofen auf 180° (Umluft) vorheizen.

2 Für den Teig die Schokolade in Stücke brechen und auf einem heißen Wasserbad (siehe Tipp Seite 32) schmelzen, vom Herd ziehen und abkühlen lassen. Die Eiweiße mit 1 Drittel des Zuckers steif schlagen. Die Butter, den restlichen Zucker, die Eigelbe und das Vanillearoma schaumig rühren, dann die noch flüssige Schokolade unterziehen. Den Eischnee, die Mandeln und das gesiebte Mehl unterheben.

3 Den Teig in die mit Backpapier ausgelegten Springformen streichen und etwa 45 Minuten (kleinere Form) bzw. 1 Stunde (größere Form) backen (Stäbchenprobe machen, siehe Tipp Seite 12). Die Tortenböden auskühlen lassen und aus den Formen lösen.

4 Für die Füllung das Puddingpulver, den Zucker und den Vanillezucker mit etwas kalter Milch glatt rühren. Die restliche Milch aufkochen, die Puddingmischung unterrühren und wieder aufkochen. Den Pudding zugedeckt 30 Minuten auskühlen lassen.

5 Jeden Tortenboden zweimal quer durchschneiden. Den Zucker mit 50 ml Wasser aufkochen und so Läuterzucker herstellen. Diesen mit dem Calvados und dem Likör mischen und die Böden damit tränken. Die Konfitüre mit 50 ml Wasser aufkochen und durch ein Sieb streichen. Die unteren Böden mit Konfitüre bestreichen, den oberen Boden passend darauflegen.

6 Für die Verzierung die Butter mit dem Puderzucker schaumig rühren, den kalten Vanillepudding unterrühren. Die beiden Torten außen mit 2 Dritteln der Buttercreme bestreichen und zum Festwerden 1 Stunde in den Kühlschrank stellen.

7 Die restliche Buttercreme halbieren. Die Hälfte mit Lebensmittelfarbe violett einfärben, den Rest grün. Die Torten auf passende Tortenplatten (Cake Boards) legen. Die Tortendübel bei Bedarf zuschneiden, dann in die kleinere Tortenplatte einsetzen und die kleinere Torte mittig auf die größere stellen.

8 Mit dem Spritzbeutel mit verschieden großen Tüllen die Buttercreme als grüne Blätterranken und violette Trauben auftragen. Die Hochzeitstorte vor dem Servieren mindestens 2 Stunden kühl stellen.

Hochzeitstorte
mit Marzipanrosen

1 Den Backofen auf 180 °C (Ober- und Unterhitze) vorheizen. Für den großen Boden das Mehl mit dem Kakao sieben. Die Butter zerlassen. Die Eier mit dem Zucker auf einem heißen Wasserbad (siehe Tipp Seite 32) schaumig aufschlagen. Zuerst die Mehlmischung und die Haselnüsse, dann die Butter unterheben. Den Teig in die mit Backpapier ausgelegte große Springform füllen, glatt streichen und im Ofen etwa 35 Minuten backen (Stäbchenprobe machen, siehe Tipp Seite 12). Den Biskuit für die kleinen Böden genauso herstellen, auf die Formen verteilen, 25 Minuten backen, aus den Formen lösen und auskühlen lassen.

2 Für die Buttercreme aus der Milch, dem Puddingpulver, dem Vanillezucker und dem Zucker einen Pudding kochen (siehe Seite 160 Schritt 4) und auskühlen lassen. Dann die Butter schaumig schlagen, den Pudding löffelweise zugeben. Während der Pudding abkühlt, die Kuvertüre schmelzen, auf 30 °C temperieren und zum Abkühlen auf einer Steinplatte dünn ausstreichen, dann Schokoladenspäne abschaben.

3 Alle Tortenböden einmal quer durchschneiden, jeweils den unteren Boden dünn mit Buttercreme bestreichen und den passenden oberen Boden daraufsetzen. Dann alle Torten rundum mit Buttercreme bestreichen und mit den Schokoladenspänen bestreuen. Jede Torte auf eine Tortenplatte (Cake Board) setzen und mindestens 2 Stunden kühlen.

4 Für die Marzipanrosen das Marzipan mit dem Puderzucker verkneten. Für die Blüten 2 Drittel der Masse mit 1–2 Tropfen Lebensmittelfarbe einfärben. Davon für die Knospen 20 haselnussgroße Kugeln formen, länglich flach drücken, zur Knospe aufrollen, unten leicht zusammendrücken. Für die Blütenblätter weitere haselnussgroße Kugeln formen. Die Kugeln flach drücken, die Ränder ausdünnen. Jeweils 4 Blätter rundherum überlappend an 1 Knospe legen und mit Läuterzucker (siehe Rezept linke Seite, Schritt 5) fixieren. Die Ränder der Blätter leicht nach außen rollen. Für größere Blüten weitere größere Blütenblätter anbringen. Für die Rosenblätter das ungefärbte Marzipan ausrollen und mit einem Ausstecher 20 Blätter ausstechen.

5 Jeweils 4 passend zugeschnittene Tortendübel in die große und die mittlere Torte stecken. Die Torten aufeinandersetzen und mit Rosen und Rosenblättern verzieren.

ZUTATEN FÜR 3 SPRINGFORMEN (10 CM, 18 CM UND 28 CM DURCHMESSER)

Für den großen Boden (28 cm):

230 g Mehl · 1 TL Kakaopulver · 80 g Butter · 8 Eier · 150 g Zucker · 30 g geriebene Haselnüsse

Für die kleineren Böden (10 cm und 18 cm):

170 g Mehl · ½ TL Kakaopulver · 60 g Butter · 6 Eier · 120 g Zucker · 20 g geriebene Haselnüsse

Für die Buttercreme und die Schokospäne:

500 ml Milch · 1 Päckchen Vanillepuddingpulver · 2 Päckchen Vanillezucker · 1 EL Zucker · 600 g Butter · 200 g weiße Kuvertüre · 3 Tortenplatten

Für 20 Marzipanrosen:

500 g Marzipanrohmasse · 100 g Puderzucker · gelbe Lebensmittelfarbe · Läuterzucker · 8 Tortendübel

ZUBEREITUNGSZEIT: 5 STUNDEN
BACKZEIT: 1 STUNDE / KÜHLZEIT: 2 STUNDEN

Festliche Schokoladentorte

ZUTATEN FÜR 3 TORTENRINGE (20 CM, 26 CM UND 32 CM DURCHMESSER)

Für die Biskuitböden:

6 Eier · 6 EL Wasser · 300 g Zucker · abgeriebene Schale von ½ unbehandelten Orange · 2 TL Vanillezucker · 200 g Mehl · 100 g Speisestärke · 2 TL Backpulver · 150 g Zartbitterschokolade

Zum Tränken der Böden:

100–150 g Orangenmarmelade (möglichst ohne Schale) · 30–50 ml Rum · 100 ml Orangensaft · 2–3 EL Puderzucker

Für die Füllung:

500 ml Milch · ½ Vanilleschote · 100 g Zartbitterschokolade · 3 Eigelb · 50 g Zucker · 60 g Speisestärke · 250 g weiche Butter · 100–150 g Puderzucker

Für die Glasur und die Verzierung:

200 g Aprikosenkonfitüre

100 g Orangenmarmelade

500 g Zartbitterkuvertüre

60–80 g Butter

2–3 Bögen Dekorfolie für Schokolade · 200 g Vollmilchkuvertüre

15–20 Dekorblätter aus Marzipan oder Schokolade

Orangenmarmelade (für die Dekorblätter)

ZUBEREITUNGSZEIT: 3 STUNDEN
BACKZEIT: 1 STUNDE 30 MINUTEN
KÜHL- UND TROCKENZEIT: 3 STUNDEN

1 Den Backofen auf 180 °C (Ober- und Unterhitze) vorheizen. Für die Biskuitböden die Eier trennen. Die Eigelbe mit dem Wasser, dem Zucker und der Orangenschale cremig rühren. Die Eiweiße mit dem Vanillezucker steif schlagen. Das Mehl mit der Stärke sowie dem Backpulver vermischen. Die Schokolade fein reiben und zum Mehl geben. Die Mischung abwechselnd mit der Eigelbmasse unter den Eischnee ziehen.

2 Die Tortenringe auf jeweils 1 mit Backpapier belegtes Backblech legen und die Masse gleichmäßig auf die Ringe verteilen. Die Masse glatt streichen und die Böden nacheinander backen. Den mittleren Boden 30 Minuten backen, die kleinere Torte etwas kürzer, die größere etwa 10 Minuten länger (Stäbchenprobe machen, siehe Tipp Seite 12). Die Böden auskühlen lassen, aus den Ringen lösen und jeweils dreimal durchschneiden. Zum Tränken der Böden die Marmelade mit dem Rum, dem Orangensaft und dem Puderzucker verrühren und die Böden damit bestreichen.

3 Für die Füllung die Milch mit der Vanilleschote zum Kochen bringen. Die Schokolade darin unter Rühren schmelzen und aufkochen lassen. Die Eigelbe mit dem Zucker schaumig rühren. Zuerst die Stärke, dann nach und nach die heiße Schokoladenmilch unterziehen. Alles im Topf wieder unter Rühren aufkochen, dann abkühlen lassen. Die Butter cremig rühren, den Puderzucker dabei einrieseln lassen. Die abgekühlte Schokoladencreme löffelweise unterrühren. Jeweils die unteren 3 Tortenböden mit der Creme bestreichen, die oberen Böden daraufsetzen. Die Torten 2 Stunden kühl stellen.

4 Für die Glasur die Aprikosenkonfitüre mit der Orangenmarmelade erhitzen. Die Torten damit außen bestreichen und etwa 30 Minuten trocknen lassen. Die Zartbitterkuvertüre in einem Topf vorsichtig mit der Butter schmelzen und auf 32 °C temperieren. Die Torten damit überziehen.

5 Für die Verzierung die Dekorfolie wie gewünscht zuschneiden. Die Vollmilchkuvertüre schmelzen und die Dekorfolie dünn damit bestreichen. Die Folie um die Tortenringe legen und die Kuvertüre fest werden lassen.

6 Die größte Torte auf eine Platte legen, in die Mitte 4–6 Holzspieße bis zur Hälfte in die Torte stechen und die mittlere Torte daraufsetzen. Die kleinste Torte ebenso mit Holzspießen darauf platzieren. Die Kuvertürestreifen vorsichtig von den Tortenringen lösen, die Dekorfolie abziehen. Die Kuvertüre rund um die Torten legen. Die Marzipanblätter mit Marmelade an der Torte anbringen. Die Schokoladentorte trocknen lassen und servieren.

rosemary laurel

Schweizer Rüeblitorte

ZUTATEN FÜR 1 SPRINGFORM (26 CM DURCHMESSER)

Für die Torte:

250 g Karotten

5 Eier

1 Prise Salz

250 g Zucker

abgeriebene Schale von ½ unbehandelten Zitrone

75 g Mehl

2 El Speisestärke

1 TL Backpulver

125 g gemahlene Haselnüsse

125 g gemahlene Walnüsse

Butter und Semmelbrösel (für die Form)

200 g Puderzucker (für die Glasur)

Für die Marzipankarotten:

200 g Marzipanrohmasse

25 g Puderzucker

grüne Lebensmittelfarbe

orange Lebensmittelfarbe

ZUBEREITUNGSZEIT: 1 STUNDE 15 MINUTEN
BACKZEIT: 50 MINUTEN

1 Den Backofen auf 180 °C (Ober- und Unterhitze) vorheizen.

2 Für den Teig die Karotten schälen, putzen und fein raspeln. Die Eier trennen. Die Eiweiße mit dem Salz steif schlagen, bis der Eischnee glänzt und Spitzen zieht. Die Eigelbe mit dem Zucker und der Zitronenschale schaumig schlagen. Das Mehl, die Stärke und das Backpulver vermischen und unter die Eigelbmasse ziehen. Die Karotten und die Hasel- sowie die Walnüsse dazugeben und alles miteinander vermischen. Den Eischnee unter den Karottenteig heben.

3 Eine Springform mit Butter einfetten und mit Bröseln bestreuen. Den Karottenteig in die Form füllen, glatt streichen und im Ofen (unterste Schiene) etwa 50 Minuten backen (Stäbchenprobe machen, siehe Tipp Seite 12). Dann den Kuchen aus der Form lösen und auskühlen lassen.

4 Für die Glasur den Puderzucker mit 2–3 Esslöffeln heißem Wasser zu einer dickflüssigen Mischung verrühren. Die Kuchenoberseite und den Rand damit bestreichen. Die Glasur kurz antrocknen lassen, dann 16 Kuchenstücke darauf markieren und fest werden lassen.

5 Für die Marzipankarotten die Marzipanrohmasse mit dem Puderzucker verkneten. Etwa 30 g davon mit einem Tropfen grüner Lebensmittelfarbe einfärben. Das grüne Marzipan in 16 Portionen teilen und daraus kleine Bohnen als Karottengrün formen. Die Marzipanbohnen mit einem Messerrücken längs einkerben, damit das Karottengrün mehr Struktur erhält.

6 Das restliche Marzipan mit oranger Lebensmittelfarbe einfärben, in 16 Portionen teilen und kleine Karotten daraus formen. Jede Karotte rundherum mit dem Messerrücken leicht einkerben. Am dickeren Ende mit einem Spieß ein Loch bohren und das Karottengrün darin feststecken.

7 Die Marzipankarotten auf die markierten Kuchenstücke legen, bei Bedarf mit etwas Puderzuckerglasur ankleben. Die Rüeblitorte servieren.

Weihnachtliche Orangen-Buttercreme-Torte

ZUTATEN FÜR 1 SPRINGFORM (26 CM DURCHMESSER)

Für den Rührteigboden:

150 g Butter

150 g Zucker

3 Eier

1 Prise Salz

200 g Mehl

2 TL Backpulver

100 g gemahlene Mandeln

1 TL abgeriebene Schale von einer unbehandelten Zitrone

etwa 80 ml Orangensaft

Butter und Mehl (für die Form)

Für die Füllung und die Garnitur:

150 g geschälte Mandelblättchen

3 Orangen

250 g Butter

150 g Puderzucker

400 g Frischkäse

4 cl Orangenlikör

Schokoladensterne und Schokoladentannenbäume (nach Belieben)

ZUBEREITUNGSZEIT: 45 MINUTEN
BACKZEIT: 35 MINUTEN
KÜHLZEIT: 1 STUNDE

1 Den Ofen auf 180 °C (Umluft) vorheizen.

2 Für den Teig die Butter mit dem Zucker cremig schlagen. Die Eier mit einer Prise Salz nach und nach unterrühren. Das Mehl mit dem Backpulver, den Mandeln und der Zitronenschale mischen. Die Mehlmischung abwechselnd mit dem Orangensaft unter die Eimasse rühren.

3 Eine Springform mit Butter einfetten und mit Mehl bestreuen. Den Teig in die Form füllen, glatt streichen und im Ofen 30–35 Minuten backen (Stäbchenprobe machen, siehe Tipp Seite 12). Den Kuchen auf ein Gitter stürzen, abkühlen lassen, dann einmal quer halbieren.

4 Die Mandelblättchen für die Garnitur in einer Pfanne ohne Fett goldbraun anrösten, herausnehmen und beiseitelegen.

5 Für die Füllung die Orangen schälen, dabei die weiße Haut entfernen und dann die Fruchtfilets herauslösen.

6 Die Butter mit dem Puderzucker schaumig schlagen. Anschließend den Frischkäse sowie den Likör unterrühren. Von den Orangenfilets 16 Stück beiseitelegen, die restlichen in kleine Stücke schneiden. Die Orangenstücke mit der Hälfte der Buttercreme vermengen.

7 Den unteren Tortenboden auf eine Tortenplatte legen und mit der Orangencreme bestreichen. Den 2. Boden darauflegen, leicht andrücken. Die Torte außen mit der Hälfte der übrigen Buttercreme bestreichen.

8 Die restliche Buttercreme in einen Spritzbeutel mit Sterntülle füllen und 16 Rosetten auf die Torte spritzen. Diese mit den übrigen Orangenfilets belegen und nach Belieben mit Schokosternen oder -tannenbäumen garnieren. An den Tortenrand die Mandelblättchen drücken.

9 Die Orangen-Buttercreme-Torte vor dem Servieren zum Festwerden mindestens 1 Stunde in den Kühlschrank stellen.

Weihnachtskäsekuchen

ZUTATEN FÜR 1 SPRINGFORM
(26 CM DURCHMESSER)

Für den Boden:

75 g Butter

50 g Zucker

2 EL Milch

½ Päckchen Vanillezucker

½ TL abgeriebene Schale einer unbehandelten Zitrone

2 Eier

150 g Mehl

½ TL Backpulver

Für den Belag:

4 Eier

1 Prise Salz

750 g Magerquark

1 Päckchen Vanillepuddingpulver (für 500 ml Flüssigkeit)

150 g Zucker

Für die Garnitur:

100 g Zartbitterkuvertüre

12 geschälte Mandelkerne

3 Zuckersterne

ZUBEREITUNGSZEIT: 40 MINUTEN
BACKZEIT: 50 MINUTEN

1 Den Backofen auf 180 °C (Ober- und Unterhitze) vorheizen.

2 Die Butter mit dem Zucker schaumig schlagen. Nach und nach die Milch, den Vanillezucker, die Zitronenschale und die Eier unterrühren. Das Mehl mit dem Backpulver mischen und unter die Eimasse heben.

3 Den Teig glatt rühren, in eine mit Backpapier ausgelegte Springform füllen und im Ofen 15 Minuten vorbacken.

4 Für den Belag die Eier trennen. Die Eiweiße mit dem Salz steif schlagen. Den Quark gut abtropfen lassen und mit den Eigelben, dem Puddingpulver und dem Zucker verrühren. Den Eischnee unterheben.

5 Den Kuchenboden aus dem Ofen nehmen, aus der Form lösen und einen Tortenring um den Boden legen. Die Quarkmasse auf dem Boden verteilen und den Käsekuchen weitere 30–35 Minuten backen. Wird die Oberfläche zu braun, den Kuchen rechtzeitig mit Alufolie abdecken. Den fertigen Kuchen aus dem Ofen nehmen, abkühlen lassen und dann den Tortenring entfernen.

6 Die Kuvertüre grob hacken und in einer Metallschüssel auf einem heißen Wasserbad (siehe Tipp Seite 32) schmelzen, kurz abkühlen lassen. Den Kuchenrand mit der Kuvertüre verzieren.

7 Den Weihnachtskäsekuchen am Rand mit Mandeln garnieren und mit Zuckersternen belegen. Vor dem Servieren auskühlen lassen.

TIPP

Der Quark sollte mindestens 10 Minuten abtropfen, so ist weniger Flüssigkeit in der Masse und der Käsekuchen wird fester und fällt nicht auseinander.

Roulade schwarz-weiß

ZUTATEN FÜR 1 ROULADE BZW. FÜR 10 STÜCKE

Für den Biskuit:

5 Eier · 1 Prise Salz · 125 g Zucker · 2 TL Vanillezucker · abgeriebene Schale von ½ unbehandelten Zitrone · 100 g Mehl · 25 g Speisestärke · 1 Msp. Backpulver · 2 TL Kakaopulver (15 g) · Zucker (für das Tuch)

Für die Füllung:

6–8 Blatt weiße Gelatine · 600 g Himbeeren

80–100 g Zucker · 2 TL Vanillezucker

abgeriebene Schale von ½–1 unbehandelten Zitrone

250 g Magerquark

250 ml Sahne (mindestens 30 % Fett)

Puderzucker (zum Bestauben)

ZUBEREITUNGSZEIT: 45 MINUTEN
BACKZEIT: 10 MINUTEN
KÜHLZEIT: 2 STUNDEN

1 Den Backofen auf 210 °C (Umluft) vorheizen.

2 Für den Biskuit die Eier trennen. Die Eiweiße mit dem Salz steif schlagen und kühl stellen. Die Eigelbe mit dem Zucker, dem Vanillezucker und der Zitronenschale hell und cremig aufschlagen. Die Eigelbmasse in 2 Hälften teilen. Den Eischnee auf die beiden Eigelbmassen verteilen. Das Mehl mit der Stärke und dem Backpulver vermischen und jeweils 1 Hälfte über die beiden Massen sieben. Das Kakaopulver zu einer Mischung geben und alles locker unter die beiden Eigelbmassen ziehen.

3 Den hellen Teig in einen Spritzbeutel mit Lochtülle füllen und in Streifen auf ein mit Backpapier belegtes Backblech auftragen, dabei jeweils 1 Streifen Abstand dazwischen halten. Dann den dunklen Teig in die frei gelassenen Streifen spritzen und den Biskuit kurz und heiß 7–10 Minuten goldgelb backen. Den Biskuit auf ein leicht befeuchtetes und mit etwas Zucker bestreutes Küchentuch stürzen. Das Backpapier abziehen, den Boden mithilfe des Tuchs längs aufrollen und auf einem Kuchengitter abkühlen lassen.

4 Für die Füllung die Gelatine in kaltem Wasser einweichen. Die Himbeeren putzen und etwa 20 Stück beiseitelegen.

5 Die restlichen Himbeeren mit dem Zucker, dem Vanillezucker und etwas Zitronenschale pürieren, nach Belieben mit Zitronenschale und Zucker abschmecken. Die Masse durch ein Sieb streichen, um die Kerne zu entfernen. Anschließend den Quark unter das Himbeerpüree rühren.

6 Die Gelatine ausdrücken und in einem kleinen Topf bei niedriger Hitze auflösen. Von der Quarkmasse 2 Esslöffel mit der Gelatine mischen. Die Gelatinemischung gut unter die Quarkmasse rühren. Die Quarkcreme kühl stellen, bis sie am Rand beginnt, fest zu werden. Dann die Sahne schnittfest schlagen und unter die Creme ziehen.

7 Die Biskuitrolle auf dem Tuch wieder vorsichtig ausrollen und mit der Quarkcreme bestreichen. In der Mitte die restlichen Himbeeren verteilen. Den Biskuit zu einer Roulade aufrollen und zum Festwerden 2 Stunden in den Kühlschrank stellen. Die Roulade mit Puderzucker bestaubt servieren.

Schokoladenroulade

1 Den Backofen auf 200 °C (Umluft) vorheizen.

2 Für den Biskuit die Eier trennen. Die Eigelbe mit dem Zucker, der Zitronenschale und 2 Esslöffeln Wasser schaumig rühren. Die Eiweiße mit dem Salz steif schlagen. Das Mehl und den Kakao über die Eigelbmasse sieben und unterheben. Den Eischnee dazugeben und unterziehen.

3 Die Biskuitmasse gleichmäßig auf ein mit Backpapier ausgelegtes Backblech streichen und im Ofen etwa 10 Minuten backen. Den fertigen Biskuit auf ein leicht befeuchtetes und mit etwas Zucker bestreutes Küchentuch stürzen. Das Backpapier abziehen, den Biskuit mithilfe des Tuchs längs aufrollen und auf einem Kuchengitter abkühlen lassen.

4 Für die Füllung die Gelatine in kaltem Wasser einweichen. Den Joghurt mit dem Kakaopulver mischen und nach Belieben mit Zucker süßen. Die Gelatine in einem kleinen Topf bei niedriger Hitze auflösen, vom Herd nehmen und 2 Esslöffel der Joghurtcreme einrühren. Die Gelatinemischung zügig unter die Joghurtcreme rühren. Die Creme kühl stellen, bis sie beginnt, fest zu werden.

5 Die Himbeeren verlesen, die Sahne steif schlagen. Beides unter die Creme ziehen. Die Biskuitrolle auf dem Tuch wieder vorsichtig ausrollen und gleichmäßig mit der Himbeercreme bestreichen. Den Biskuit mithilfe des Tuchs wieder aufrollen und mit der Naht nach unten auf eine Platte legen.

6 Die Schokoladenroulade mindestens 3 Stunden kühl stellen und vor dem Servieren mit Puderzucker bestauben.

ZUTATEN FÜR 1 ROULADE BZW. FÜR 10 STÜCKE

Für den Biskuit:

4 Eier · 80 g Zucker

1 Msp. abgeriebene Schale einer unbehandelten Zitrone · 1 Prise Salz · 80 g Mehl

20 g Kakaopulver · Zucker (für das Tuch)

Für die Füllung:

5 Blatt weiße Gelatine

250 g Joghurt · 1–2 EL Kakaopulver

Zucker (nach Belieben)

300 g Himbeeren

200 ml Sahne (mindestens 30 % Fett)

Puderzucker (zum Bestauben)

ZUBEREITUNGSZEIT: 40 MINUTEN
BACKZEIT: 10 MINUTEN
KÜHLZEIT: 3 STUNDEN

Marzipantorte

ZUTATEN FÜR 1 SPRINGFORM (24 CM DURCHMESSER)

Für den Biskuit:

6 Eier

160 g Zucker

1 Prise Salz

160 g Mehl

20 g Speisestärke

100 g Aprikosenkonfitüre

Für die Füllung:

300 g Marzipanrohmasse

1 unbehandelte Orange

1 TL Speisestärke

½ Päckchen Vanillepuddingpulver (für 250 ml Flüssigkeit)

250 ml Milch

2 EL Zucker

50 g gemahlene Mandeln

Puderzucker (zum Bestauben)

Für die Garnitur:

300 g Marzipanrohmasse

150 g Puderzucker

3 EL Milch

1 EL Kakaopulver

100 g Mandelblättchen

ZUBEREITUNGSZEIT: 50 MINUTEN
BACKZEIT: 30 MINUTEN
KÜHLZEIT: 1 STUNDE 30 MINUTEN

1 Den Backofen auf 180 °C (Ober- und Unterhitze) vorheizen.

2 Für den Biskuit die Eier trennen. Die Eigelbe mit der Hälfte des Zuckers schaumig schlagen. Die Eiweiße mit dem Salz steif schlagen, dabei den restlichen Zucker einrieseln lassen. Weiterschlagen, bis die Masse glänzt und Spitzen zieht. Den Eischnee auf die Eigelbmasse geben. Das Mehl mit der Stärke mischen, über den Eischnee sieben und alles unterheben.

3 Die Masse in eine mit Backpapier ausgelegte Springform füllen und im Ofen etwa 30 Minuten backen (Stäbchenprobe machen, siehe Tipp Seite 12). Den Biskuit herausnehmen, abkühlen lassen und den Boden aus der Form lösen. Den Boden ganz auskühlen lassen, dann zweimal quer durchschneiden. Die Aprikosenkonfitüre in einem kleinen Topf erwärmen und die Böden damit bestreichen. Etwas Konfitüre für die Garnitur beiseitestellen.

4 Für die Füllung das Marzipan fein hacken. Die Orange heiß waschen, abtrocknen und die Schale abreiben. Den Saft auspressen und zusammen mit der Schale und der Hälfte des gehackten Marzipans in einem kleinen Topf erwärmen. Die Stärke mit etwas kaltem Wasser anrühren und unter die Marzipanmischung ziehen. Das Orangenmarzipan unter Rühren aufkochen lassen und vom Herd nehmen.

5 Das Puddingpulver mit 2 Esslöffeln Milch anrühren. Die restliche Milch mit dem Zucker in einem Topf aufkochen und die Puddingmilch langsam einfließen lassen. Den Pudding unter Rühren nochmals aufkochen und vom Herd ziehen. Das restliche gehackte Marzipan sowie die Mandeln einrühren. Den Pudding in eine Schüssel füllen, mit etwas Puderzucker bestauben und zugedeckt 30 Minuten abkühlen lassen.

6 Den untersten Biskuitboden auf eine Tortenplatte legen. Einen Tortenring um den Boden legen und den Marzipanpudding auf dem Boden verteilen. 1 weiteren Biskuitboden darauflegen und mit dem Orangenmarzipan bestreichen. Mit dem letzten Biskuitboden abschließen.

7 Für die Garnitur das Marzipan auf Größe der Torte ausrollen und die Torte damit bedecken. Den Puderzucker mit 2 Esslöffeln Milch dickflüssig verrühren und auf die Marzipandecke streichen. Das Kakaopulver mit der übrigen Milch verrühren und spiralförmig auf dem Guss verteilen. Den Tortenring entfernen. Den Tortenrand mit der restlichen Konfitüre bestreichen und mit den Mandelblättchen verzieren. Die Marzipantorte zum Festwerden mindestens 1 Stunde in den Kühlschrank stellen, dann servieren.

Schokoladenmoussetorte

ZUTATEN FÜR 1 SPRINGFORM (24 CM DURCHMESSER)

Für den Boden:

80 g Haselnüsse

4 Eier · 100 g Zucker

2 TL Vanillezucker

abgeriebene Schale von ½ unbehandelten Zitrone

½ TL Zimt · 2 EL Rum

1 Prise Salz · 100 g Mehl

1 Msp. Backpulver

50 g Himbeeren

Für das Gelee:

7 Blatt Gelatine (weiß, rot oder gemischt) · 2–4 EL Himbeersirup

30–50 g Zucker

200 g Himbeeren

1 Stück Schale von einer unbehandelten Zitrone

1 Prise Kardamom

Für die Mousse:

330 ml Sahne (mindestens 30 % Fett)

200 g Zartbitterkuvertüre

2 kleine Eier · 2 EL Rum

¼–½ TL Lebkuchengewürz

Für die Garnitur:

3–4 EL Schokoladenspäne

frische Himbeeren

ZUBEREITUNGSZEIT: 45 MINUTEN
BACKZEIT: 20 MINUTEN
KÜHLZEIT: 3 STUNDEN

1 Den Backofen auf 180 °C (Ober- und Unterhitze) vorheizen.

2 Für den Boden die Haselnüsse in einer Pfanne ohne Fett anrösten, abkühlen lassen und fein mahlen.

3 Die Eier mit dem Zucker und dem Vanillezucker schaumig schlagen. Die Zitronenschale, den Zimt, den Rum und das Salz unterrühren. Das Mehl mit dem Backpulver mischen und zusammen mit den Nüssen unter die Eimasse ziehen.

4 Den Teig in eine mit Backpapier ausgelegte Springform füllen und glatt streichen. Die Himbeeren verlesen und auf dem Teig verteilen. Den Boden etwa 20 Minuten backen, bis er goldgelb ist.

5 Den Boden aus dem Ofen nehmen, aus der Form lösen und auf einem Kuchengitter vollständig abkühlen lassen. Anschließend den Boden auf eine Tortenplatte legen und um den Boden einen Tortenring legen.

6 Für das Gelee die Gelatine in kaltem Wasser einweichen. Den Sirup mit 400 ml Wasser und dem Zucker verrühren. Je mehr Sirup und Zucker dazugegeben werden, desto süßer wird das Gelee. Die Himbeeren verlesen und mit der Zitronenschale sowie dem Kardamom in den Zuckersirup rühren.

7 Die Gelatine gut ausdrücken und in einem kleinen Topf auflösen. Etwa 2 Esslöffel der Himbeermasse mit der Gelatine verrühren, dann die Gelatinemischung unter die Himbeermasse ziehen. Das Himbeergelee kühl stellen, bis es beginnt, fest zu werden. Dann das Gelee auf dem Boden verteilen, dabei einen etwa 2 cm breiten Rand lassen. Den Boden mit dem Gelee zum Festwerden mindestens 1 Stunde in den Kühlschrank stellen.

8 Für die Mousse die Sahne schnittfest schlagen und kühl stellen. Die Kuvertüre in einer Metallschüssel auf einem heißen Wasserbad (siehe Tipp Seite 32) schmelzen. Auf einem 2. Wasserbad die Eier mit dem Rum und dem Lebkuchengewürz schaumig aufschlagen. Die Mischung vom Wasserbad nehmen und die Kuvertüre langsam unter Rühren dazugießen. Anschließend die Schlagsahne unterheben. Den Boden mit dem Gelee aus dem Kühlschrank nehmen. Die Mousse darauf gleichmäßig verteilen und glatt streichen. Die Torte wiederum etwa 2 Stunden zum Festwerden in den Kühlschrank stellen.

9 Die Schokoladenmoussetorte vor dem Servieren mit Schokoladenspänen bestreuen und mit den frischen Himbeeren garnieren.

Mohntorte
mit gerösteten Mandeln

ZUTATEN FÜR 1 SPRINGFORM
(26 CM DURCHMESSER)

Für den Biskuit:

90 g Butter · 6 Eier · 1 Prise Salz
175 g Zucker · 150 g Mehl · 100 g Mohnsamen
Butter (für die Form)

Für die Füllung und die Garnitur:

1–2 EL Puderzucker
600 ml Sahne (mindestens 30 % Fett)
2 Päckchen Sahnesteif · 2 TL Zimt
Mohnsamen
200 g geröstete Mandelstifte

ZUBEREITUNGSZEIT: 40 MINUTEN
BACKZEIT: 35 MINUTEN
KÜHLZEIT: 1 STUNDE

1 Den Backofen auf 180 °C (Ober- und Unterhitze) vorheizen.

2 Für den Biskuit die Butter in einem Topf bei niedriger Hitze zerlassen. Die Eier trennen. Die Eiweiße mit dem Salz zu festem Schnee schlagen. Die Eigelbe mit dem Zucker auf einem heißen Wasserbad (siehe Tipp Seite 32) cremig schlagen. Das Mehl auf die Creme sieben, dabei aber nicht rühren. Die lauwarme Butter dazugießen. 1 Drittel des Eischnees und den Mohn darübergeben und alles vorsichtig unter die Eiercreme rühren. Anschließend den restlichen Eischnee behutsam unterheben.

3 Eine Springform mit Butter einfetten. Die Biskuitmasse in die Springform füllen, glatt streichen und 35 Minuten im Ofen goldbraun backen. Den fertigen Biskuitboden aus dem Ofen nehmen und aus der Form lösen. Den Boden auf ein Kuchengitter stürzen, vollständig abkühlen lassen und zweimal quer durchschneiden.

4 Für die Füllung den Puderzucker sieben. Die Sahne mit dem Sahnesteif und 1 Teelöffel Zimt schnittfest schlagen, dabei den Puderzucker nach und nach einrieseln lassen.

5 Den unteren Boden mit etwa 1 Drittel der Sahne dick bestreichen, den mittleren Boden darauflegen und ebenfalls mit 1 weiteren knappen Drittel Sahne bedecken. Dann den 3. Boden darauflegen und leicht andrücken.

6 Die Torte rundum mit der restlichen Sahne bestreichen, dann mit den Mohnsamen und den gerösteten Mandelstiften bestreuen. Den Tortenrand mit dem restlichen Zimt bestauben.

7 Die Mohntorte vor dem Servieren mindestens 1 Stunde in den Kühlschrank stellen.

Frankfurter Kranz

1 Den Backofen auf 180 °C (Ober- und Unterhitze) vorheizen.

2 Für den Teig die Butter mit dem Zucker schaumig schlagen. Nach und nach die Eier und den Zitronensaft unterrühren. Das Mehl, die Stärke und das Backpulver mischen, auf die Eimasse sieben und unterziehen.

3 Eine Kranzform mit Butter einfetten und mit Semmelbröseln bestreuen. Den Teig in die Form füllen und im Ofen etwa 50 Minuten backen (Stäbchenprobe machen, siehe Tipp Seite 12). Den Kranz im ausgeschalteten Backofen 10 Minuten ruhen lassen, dann den Rand mit einem Messer lösen und den Kuchen vorsichtig aus der Form stürzen. Anschließend den Kranz auf einem Kuchengitter etwa 1 Stunde vollständig auskühlen lassen.

4 Für den Krokant die Butter erhitzen. Den Zucker und die Mandeln unter Rühren dazugeben und goldgelb karamellisieren. Den Krokant zum Abkühlen auf ein Stück Alufolie verteilen. Größere Stücke nach dem Abkühlen mit einem Nudelholz zerkleinern.

5 Für die Creme die Butter schaumig rühren. Den Puderzucker, den Vanillezucker und die Eigelbe unter die Butter schlagen. 1 Viertel der Buttercreme abnehmen, in einen Spritzbeutel mit Sterntülle füllen und beiseite stellen.

6 Den Kranz dreimal durchschneiden. Jede Schicht dünn mit der Buttercreme bestreichen und die Schichten wieder zusammensetzen. Den Kranz rundherum mit der restlichen Buttercreme bestreichen.

7 Den Krokant über dem ganzen Kranz verteilen und mit dem Spritzbeutel Cremetupfen auftragen. Jeweils 1 Belegkirschenstück auf 1 Cremetupfen setzen.

8 Den Frankfurter Kranz vor dem Servieren mindestens 2 Stunden kühl stellen.

ZUTATEN FÜR 1 KRANZFORM

Für den Kranz:

250 g weiche Butter · 250 g Zucker · 5 Eier
1 EL Zitronensaft · 125 ml Milch · 350 g Mehl
150 g Speisestärke · 1 Päckchen Backpulver
Butter und Semmelbrösel (für die Form)

Für den Krokant:

25 g Butter · 50 g Zucker
125 g gehackte Mandeln

Für die Creme:

400 g Butter · 300 g Puderzucker
4 EL Vanillezucker · 4 Eigelb
Belegkirschenstückchen (zum Garnieren)

ZUBEREITUNGSZEIT: 1 STUNDE 30 MINUTEN
BACKZEIT: 50 MINUTEN
KÜHLZEIT: 3 STUNDEN

Register

Bildnachweis

Die Fotografien wurden von der StockFood GmbH zur Verfügung gestellt mit Genehmigung von:

BBS 18, 59, 153, 157 – Bender, Uwe 14 – Bischof, Harry 33 – Borkowski, Elke 164 – Brachat, Oliver 87 – Caste, Alain 47 – Cato-Symonds, Shaun 106, 143 – Cazals, Jean 31 o. l., 122 – Cooke, Colin 66 – Cultura 117 – Danielsson, Sara 134 – Duisterhof, Miki 163 – Duklas +., K. Duklas 54, 133 – Eising Studio/ Food Photo & Video 7, 15, 19, 27, 29, 37, 39, 40, 53, 57, 69, 81, 89, 98, 105, 116, 129, 159, 165 o. l., 167 – Emap Esprit 173 – és-cuisine 139 – Feiler Fotodesign 31 u. – Fenot, Eric 35, 101 – Foodcollection GmbH 79, 84, 92, 93, 99 – Great Stock 88 – Gregson, Jonathan 113 u. – Grossmann / Schuerle 144/145 – Gründemann, Eva 113 o. – Haase, Andrea 48/49 – Halmos, Monika 43, 103 u. – Hausch, Bruno 161– Heinze, Winfried 137 o. r. – Hoersch, Julia 77 – Holsten, Ulrike 55, 61 – Iden, K. 179 – Janssen, Valerie 102 – Kirchher, Jo 5, 17, 31 o. r., 75, 82, 83, 97, 137 u., 178 – Kompatscher, Anneliese 67 u., 141 – Krieg, Roland 30, 165 o. r.– Lehmann, Herbert 111 – Leser, Nicolas 142 – Liebermann, Ellen 160 – Lister, Louise 34 – Löscher, Sabine 67 o. r. – Matassa, Mario 71, 107, 115 – Meier, Chris 103 o. r. – Mewes, K. 137 o. l. – Newedel, Karl 11, 21, 46, 51, 78, 135, 151 – Ory, Deborah 23 o. l. – Persson, Per Magnus 74 – Rees, Peter 41, 156 – Richard Young Photography 23 o. r., 103 o. l. – Richardson, Alan 64 – Rua Castilho 8/9, 13, 25, 28, 91, 109, 112, 125, 127, 147, 155, 171, 175, 177 – Schardt, Wolfgang 136 – Schindler, Martina 23 u., 118/119, 130, 131, 165 u. – Strauss, F. 65 o. l. – Studio Schiermann 45, 63 – Taube, Franziska 123 – Teubner Foodfoto 60, 150, 169 – Thiemann, Niklas 172 – Timmann, Claudia 22 – Tolhurst, Charlotte 121 – Wegner, Brigitte 65 – Wieder, Frank 73, 149, Cover – Winter, Tim 95

In gleicher Reihe erschienen ...

ISBN 978-3-86244-041-2

ISBN 978-3-86244-042-9

ISBN 978-3-86244-074-0

ISBN 978-3-86244-073-3

ISBN 978-3-86244-138-9

ISBN 978-3-86244-137-2

ISBN 978-3-86244-123-5

ISBN 978-3-86244-124-2

CHRISTIAN

www.christian-verlag.de